埼玉栄高校相撲部

Saitamasakae High School Sumo Club

高校相撲、史上最多の日本一。豪栄道、貴景勝、妙義龍など多くの幕内力士を輩出している全国有数の相撲強豪校。その強さの秘訣は「食事」。

JN003203

365日、朝・昼・晩のガチンコ料理

相撲部員は全員が寮で共同生活。その朝・昼・晩の食事は、年末年始の数日をのぞいてすべて山田道紀監督の手づくり。食事を通じて、「体」はもちろん、部員たちの「考え方」を変えていく。肥満にはせずに体を大きくし、「勝つ」意味とその大切さを学ぶ3年間。愛情がつまったガチンコ（本気）の食事が子どもたちを成長させる。

1/365 ある1日の献立

朝食

お米を炊くのは1年生の役割。夜のうちにお米をといで炊飯器に入れ、翌朝5時半に起きてスイッチオン。ちゃんこは前日の残りを温め直し、具材が少なくなっていれば食材などを追加する。よく食べる生徒は、朝から2、3杯おかわりする。

納豆

部員は全国から集まってくるが、納豆の苦手な生徒は最近少なくなった。ねぎを添えて食感をよくする。

ご飯

朝は軽め（?）にと言いつつも、どんぶり一杯約一合の白飯。

生卵

多くの部員はご飯に卵をかけて食べる。黄身の味が濃いMSサイズが、卵かけご飯にぴったり。

味噌ゴマちゃんこ

豚肉、シイタケ、えのき、キャベツ、大根、小松菜、ニンジンが入った具だくさんのちゃんこ鍋。味噌味に仕立て、すりゴマで味を調えることで朝から食欲を促す。

昼食

昼休みになったら校内の相撲道場に集合。部員全員でお弁当を食べて仲間意識を高める。おかずの下には1合を上回るご飯がぎっしり敷き詰められている。たっぷりのご飯と彩り豊かなおかずで、午後の稽古にきちんと体を動かすことのできる適量となる。卵とピーマンが入っているのが、お弁当の定番だ。

焼売

選りすぐりの市販品をレンジでチンしただけ。ときにはフライにしたり、焼いたりしてアレンジする。

焼きそば

この日は桜エビ、ニンジン、キャベツ入り。麺はしっかりめに焼く。少しつぶしたゴマをかけて食欲と食感をプラス。

ウインナー

冷めてもおいしい皮なしウインナー。これがお弁当に最適。一本あるだけで楽しみが増える。

スクランブルエッグ

塩味をきかせ、ご飯との相性ぴったり。油を多めにして、ふわふわに仕上げるのがコツ。

ピーマンのゴマ和え

しょう油と和風だしの素でピーマンをさっと炒めて、シャキシャキ感を残す。ウインナーと一緒に食べるとおいしさアップ。

夕食

写真は7人分のボリュームで全14品のおかず。この日は大会が近いこともあり、体を作っていくために品数、量ともに多め。バランス的に肉が少なめと感じ、急きょ、生姜焼きが用意された。ふだんでも平均して9〜10品のおかずが並ぶ。おかわりご飯から納豆を追加で食べてもよいというルールがある。

夕食のレシピ

きんぴら炒め

ごぼう、ニンジンをみりん、しょう油、酒、多めの砂糖で炒める。一味唐辛子と白ゴマが味のアクセントに。

トマトサラダ

ポン酢、塩、コショウ、ゴマ油を混ぜ合わせた特性ドレッシング。トマト、ブロッコリー、レタスにかけてさっぱりと。

ゴマ油やっこ

ゴマ油、塩、コショウにしょう油少々を加えた中華風のタレと、刻んだねぎを混ぜ合わせる。簡単だけど部員に大人気。

ナムル

ゆでたもやし、小松菜、ニンジンをゴマ油、塩、コショウで和える。あっさり味で箸休めの一品。

スパゲティサラダ

ニンジン、塩もみした玉ねぎをゆでたスパゲティに混ぜ、崩したゆで卵、マヨネーズをたっぷりと。ソースが隠し味。

スクランブルエッグ

ケチャップをつけるとさらにご飯が進む。ときには目玉焼きにするなど、卵料理はほぼ毎日食卓に並ぶ。

チャーシュー

塩ゆでした豚バラ肉を半日おき、浮いた脂をとり除く。これでさっぱり味に。生姜、にんにく、ねぎ、しょう油、酒、みりんで作ったタレに漬けてねかせておき、味を染み込ませる。

なすの味噌そぼろ煮

鶏のひき肉を炒めたあと、砂糖をまぶしながらなすも炒める。味噌、酒、みりんで味つけ。たっぷりのゴマがアクセント。

こんにゃく大根

しょう油、酒、うま味調味料、みりんでこんにゃく、大根を炒める。甘くならないようにみりんは少なめに。

鯖の塩漬け

鯖を塩漬けにして、余分な水分を捨てる。そのあとにみりん、酒、しょう油少々を加えて再び漬ける。焼いてほぐして、おにぎりの具にすることも。

焼きそば

ピリ辛味にしたり、具材を変えたりなどして、毎日飽きないように工夫。多めに作っておくと麺がなじんで、次の日炒めなおせばさらにおいしい。

チキンカツ

鶏もも肉を使ってジューシーに。余ったらカツ煮にしたりして二度おいしい。揚げものは主に、奥さんの早苗さんが担当。

生姜焼き

生姜、みりんを多めにして甘辛く味つけ。玉ねぎも加えて、しょう油、酒で炒める。キュウリをつけ合わせてさっぱりと。

鶏団子ちゃんこ

鶏のひき肉に卵、ねぎを混ぜ合わせ、団子をやわらかめにつくる。塩、コショウ、和風だしの素、酒がベースのあっさり塩味ちゃんこ。大根、ニンジン、小松菜、豆腐の具だくさん。

心と体を強く大きくする

5つの愛情

おいしいものを食べさせたい――その思いひとつで20数名分の大量の食事を1時間ちょっとで作り上げる。そこには、「当たり前」ではない手順、工夫がある。

1

部員の体調などによって味を調整

毎日のちゃんこ（鍋）、焼きそば、カレーといった定番料理も、部員の体調などによって味つけは毎日変える。山田監督いわく、「僕の料理にレシピはなし」。「疲れが残っているな」と感じたときは辛みを強くするなど、部員全員のコンディションをよく観察し、料理の品数も含めてその日その日で味の判断をする。

2

仕上がりが変わる下ごしらえ

体を大きくする必要のある相撲は、「食事」もトレーニングの一つ。20数名分の食事量は、一般家庭の人数分以上になる。大量の食事づくりを手際よく進めるために、空いた時間を使って野菜などの下ごしらえをしておく。切り方によって食感や味覚も違ってくるので、野菜を中心にていねいに切り分ける。

早くてうまい！を可能にするひと手間

↓→煮崩れしないよう料理によって切り方を変える。部員たちが手伝うことも。

↓短時間で料理するために、切った野菜をポリ袋で大量保存。

3 ホットプレートで手際よく

放課後の稽古が終わってから夕食開始までの時間は限られている。料理手順を手際よくすることで、品数、量ともに多い食事を短時間で仕上げる工夫が必要。その一つが、ホットプレートの利用。食材の脂などをうまく利用すれば、道具を一回一回洗わないようにできるほか、味の深みが増す効果もある。

時間を短縮！大量でも大丈夫

スクランブルエッグ

洗わずにそのまま

ウインナーピーマン

洗わずにそのまま

焼きそば

4 しっかりした味つけ

育ち盛りの生徒にとって体を動かすエネルギー源となる白飯はなくてはならないもの。そのご飯をおいしく食べられるように、おかずはしっかり濃いめの味つけが中心。ただし、肉料理などのおかずにも野菜が添えられていたり、ナムルなどさっぱり味の一品が並ぶことで、全体のバランスが保たれている。

ご飯がおいしい、ご飯が進む

5

常備おかずを保存

もう一品ほしい、何かもの足りないな、などを解決する常備おかずの数々。下記のおかずのほか、焼き鮭・鯖の塩漬け、マカロニ・ポテトサラダなどなど。常時、5～6品のおかずを作り、密閉容器に保存している。焼きそば、カレーのルーなども多めに作り、継ぎ足しや保存にまわすことで料理のうまみも増す。

一品足りないときに
便利！ 密閉容器を
上手に活用

スパゲティ
サラダ

きんぴら
炒め

ナムル

こんにゃく

はじめに

栄相撲部での学びを人生に生かす

「山田、お前は指導者になれ！」

日本大学相撲部時代、お世話になった田中英壽《ひでとし》先生に言われ、埼玉栄高校に着任して32年。その間、寮で生徒たちとともに過ごし、相撲を指導するかたわら、彼らの食事を作り続けてきました。親元を離れ、共同生活をしながら厳しい稽古に明け暮れる生徒たちに、おいしいご飯を食べさせてあげたい。「おいしい！」と思って食べれば心も身体も安らぎ、栄養の吸収もよくなる。そう信じて始めたことです。

朝稽古に向かう前の朝食、昼のお弁当、そして午後の稽古を終えたあとの夕食。1年のうち合宿所に生徒が1人もいない日はほ

んの数日ですので、トータルすると３万４０００回以上、ちゃんこ場で料理を作り続けてきたことになります。

といっても献立をあらかじめ決めるわけでもなく、固定のレシピもありません。肉や魚、野菜でそのつど味つけや彩りを工夫し、ご飯と一緒においしく食べれば栄養のバランスはとれるのです。

栄高校の相撲部には、全国から生徒たちがやってきますが、その時点で血糖値や体脂肪の値が高い子どもたちも少なくありません。身体を大きくするために、糖分や脂肪分の多い食事をとり続けた結果、バランスの悪い太り方になってしまったのです。

しかし、そうした生徒たちも、２年生に進級するころには、血糖値や体脂肪が正常値に戻ります。余分な脂肪が落ち、相撲に必要な筋肉がついて、丈夫で強く、素早く動ける身体になるのです。

新入生には、１年間ちゃんこ番と、掃除当番、洗濯当番を交替で担当してもらいます。健康的に大きく育つための栄養のとり方

を覚え、食事のマナー、仲間への気配りも身につけてほしいからです。稽古場だけでなく、食事の場も一緒に過ごすと、生徒一人一人の性格や思考、そのときどきのコンディションも推し量ることができます。長年この生活を続けているうちに、いつどんなふうに声をかけたらその生徒のモチベーションが上がるのか、僕自身学ばせてもらいました。

埼玉栄高校相撲部は相撲の大好きな生徒が集まるクラブですが、強さだけでなく、感謝と思いやりの心も育てて巣立ってほしい。そして、ここで学んだことをその後の人生に生かしてほしい。そう願いながら、今日も寮のちゃんこ場に立っています。

埼玉栄高校相撲部監督　山田道紀

わが子の心と体を強くする、
人生に「勝つ」食事力
CONTENTS

2章　食事で「ルール」を身につける

3章　食事で「経済力」を育む

わが子の心と体を強くする、人生に「勝つ」食事力

CONTENTS

わが子の心と体を強くする、
人生に「勝つ」食事力

1章

食事で「強い体」を作る

〝おいしく〟食べれば、栄養はとれる

毎年3月になると、相撲部の寮に新入生が引っ越してきます。学校の入学式は4月の初めですが、相撲部に入る生徒たちは、一足早く寮で共同生活を始めるのです。3つの大部屋に7〜8人ずつ。総勢20人以上が寝起きをともにしながら、日々勉強と相撲の稽古に励みます。

食事は朝食、昼食、夕食、すべて監督を務めている僕の手づくりです。栄養バランスのとれた食事を「おいしく」、「たくさん」食べて、相撲に適した健康で大きな身体になってもらいたい。その一心で30年以上、毎日生徒たちに料理を作り続けています。

栄高校の相撲部員は、大半が小学校、中学校時代から相撲大会で活躍していた生徒たちです。そのため高校入学時点である程度身体は大きく育っているのですが、あまり健全でない太り方をしている生徒も少なくありません。

野菜をとらずに肉だけ食べてビタミンが不足していたり、インスタント食品やお菓子類で太っている生徒もいます。これではいくら重量級でも、強い相撲はとれません。それどころか病気にかかりやすく、怪我もしやすい身体になってしまいます。

そんな偏った身体を健全にしていくためにも、食事はとても重要です。僕自身、栄養に関する特別な勉強をしたわけではありませんが、大きな枠でたんぱく質、炭水化物、脂肪分のバランスを考え、それに野菜を数種類加えたメニューを作れば、自然と栄養のバランスはよくなると信じています。栄養学的なデータではなく、自分自身の実感からそう信じていたのですが、数年前に栄相撲部の食事を調査した栄養士さんから、「栄養のバランスは最適」とお墨つきをいただきました。

　要するに、栄養のことをあまり細かく考えなくても、和風、洋風、中華風とさまざまな要素を取り入れた一般的な「家庭の食事」をイメージして料理をすれば、自然とまんべんなく栄養がとれるということだと思います。

　もう一つ自分の経験上信じているのは、「おいしく食べれば、栄養はとれる」ということで、これは生徒にもよく言っています。

　たとえば唐揚げを食べるとき、「すごくおいしい！」と思ってくれたり、トレーニングでも「この運動で下半身の力が強くなる」とイメージして行うことが大事だと、僕は思っているのです。これに関しても、科学的に実証されてきたと、最近聞きました。

　高校生の相撲部員に必要な1日のエネルギー量は、5000〜6000㎉といわれていますが、僕の場合、エネルギーの計算より、食材のバランスでメニューを組んでいます。気を配っているのは料理の色合い。しょう油やソースを使う日本のおかずは色合いが地味になりがちなので、卵の黄色、野菜の緑、赤などを意識して加えるようにしています。お弁当も同じ。相撲漬けの男子生徒たちも、お昼のお弁当がカラフルだとうれしいようです。

おかずは最低8品、レシピは状況に応じて変える

ときどき見学や取材の方が見えると、生徒と一緒に食事をしてもらいます。その際によく聞かれるのが、この質問です。

「いつも、こんなにたくさんのおかずがあるんですか？」

ちゃんこ鍋のほかに8品ほど並ぶ夕食の量と品数に、皆さん驚かれるようです。

「見学者用に、ふだんよりおかずを多くしたのでは？」

なかにはそう思われた方もいるかもしれません。

でも、栄相撲部の寮では、おかず8～9品がいつもの夕食です。いろいろな食材を使って料理の品数を多くすれば栄養が偏らずにすむし、なによりたくさんのおかずでご飯を何杯もおかわりしてほしい。稽古を見にきてくれた方たちには、おいしそうに食べる生徒の姿を見てもらいながら、一緒にふだんの栄高校の食事を味わってもらいたいのです。

料理のレパートリーは、32年間料理を作り続けているわりに、そう多くありません。数年ごとに入れ替わるメニューもありますが、定番メニューは変えていません。現在のメニューは6年ぐらい前にほぼ定着しました。毎日それをおいしそうに食べてくれる生徒の姿を見たり、「山田先

生の焼きそばが懐かしい」などと卒業生に言ってもらえる瞬間がうれしくて、もっとおいしくする方法はないかと、料理作りにますます燃えています。

朝食は、夕食に比べると質素です。たとえば、昨夜のちゃんこ鍋やおかずの残りと、納豆、生卵とご飯。朝食時に食べるご飯の量は、平均して一人1・5合くらいでしょうか。

生徒たちは6時半ごろから食べ始め、終わると栄高校の相撲道場に直行し、朝稽古をしてから各クラスで授業を受けます。長年朝食の風景を見ていると、強くなる生徒は卵をかけてご飯をかき込み、いち早く寮を出て稽古時間を長くしているようです。

お昼ご飯は学校で食べるので、朝食の準備とともにお弁当の用意も始めます。寮生には、栄高校が併設している栄中学相撲部の生徒もいますが、中学では給食があるため、お弁当は高校生の分だけです。お弁当のおかずは4～5品ぐらい。前夜の残りもお弁当に入れますが、チキンカツを甘辛く煮たり、炒めものに別の調味料を足したり、前の日とは違う味で食べられるように工夫しています。お弁当の写真を見ると、高校の相撲部員にしては少ないと思われるかもしれませんが、ご飯をギュッと詰めるので、1合以上は入っているのです。

栄高校には生徒が利用できる食堂があるのですが、多くのカロリーと栄養素を必要とする生徒たちには、それを満たすお弁当を持たせてあげたい。そしてできればみんな一緒に食べてもらいたい。そう考えて、お弁当は学校内にある相撲部の道場で食べてもらっています。午前中の授業が終了するとおのおの道場に集まり、ふだん僕が生徒の稽古を見守る土俵奥のスペースに座って「栄相撲部ランチ」が始まるのです。

そのあと生徒たちは教室に戻り、授業を終えると再び相撲道場に集合。午後は2時間ほど稽古やトレーニングをします。稽古終了後は道場の掃除をし、シャワーを浴びて寮に戻ってきます。掃除を徹底的に行うのが、栄相撲部の特徴です。道場に限らず、生徒が寝起きする部屋やトイレ、ちゃんこ場に至るまで、入念に掃除してもらう。将来一人で暮らすときのことを見据え、高校生のうちに居住空間を清潔に保つ習慣をつけてもらいたいのです。

午後の稽古のあと、僕は生徒たちより一足早く寮に戻り、夕飯の支度にとりかかります。前にお話ししたように、夕飯のおかずは8品から9品。ひんぱんにつくるのは焼きそば、カレー、唐揚げなどです。特別なメニューではなく、どこの家庭でも出てくる定番のメニューですが、食材や調味料を吟味して、極力添加物を避けています。また、生徒が飽きないよう、つねに調理の工夫もしています。

とくに焼きそばは、どの時代の生徒からも好まれたので、自分なりに進化させてきたつもりです。定番の食材は玉ねぎ、ニンジン、キャベツ、ピーマン、牛肉や豚肉などごく一般的ですが、すべての食材を一緒に炒めると野菜からでる水分で味が損なわれるので、具材をばらばらに炒めます。

調味料もソース、しょう油、塩、カレー粉など毎回変え、具材も干しエビを入れたり、揚げカスを入れてみたりするなど、ほかのメニューとのバランスや生徒たちの疲労度によって変えるのです。焼きそばはいつも多めに作ります。わざと余らせて、それを次に作る焼きそばに加えるためで、こうするとコクが増すのです。

カレーも焼きそばと同じく数種類のパターンがあり、継ぎ足しもします。ルーは茶色っぽい辛めのものと、黄色っぽいルーと2種類用意し、中に入れる肉も牛、豚、鶏とそのときによって変えるので、いくつもの組み合わせでつねに「一味違う」カレーが用意できるのです。

唐揚げの味つけはにんにく、みりん、しょう油とほぼ毎回同じで、女房の早苗が担当してくれます。20人以上がたっぷり食べられる数を揚げるのですから、手間も時間もかかります。揚げ油もすぐに汚れてしまうので、毎回新しい油のボトルを何本も開けなければなりません。

ときどき僕も唐揚げを作りますが、生徒や僕の娘に聞いたところ、早苗がつくるほうが「柔らかくてジューシー」と評価が高い。材料は同じでも、どれだけていねいに揚げるかで、味がずいぶん違ってくるようです。

唐揚げの評価でわかるように、早苗も料理は得意ですが、何でも自分でやりたい僕の邪魔をしないよう、近くで僕と生徒を見守りながら、控えめに、でも着実にサポートをしてくれています。

夕食後は生徒たちの自由時間です。寮の門限は8時半ですが、ランニングをする者は例外で、9時から9時半ごろに寮の周辺を走る生徒もいます。そのあと、希望者はちゃんこ場で夜食を食べてもOK。卵かけご飯、おにぎり、うどん、チャーハンなどが定番のメニュー。火を使う料理も食べられますが、夜食を作るのは生徒自身です。

朝と午後の稽古やランニングを熱心にこなし、ご飯をたっぷり食べる生徒はみるみる身体が変わっていきます。日々の順調な変化、月々の順調な成長ぶりを見ることが、僕の何よりの楽しみです。これも道場だけで生徒と接するのではなく、一つ屋根の下で暮らし、毎日の食事を見守っているからこそ叶う幸せだと思っています。

手づくり料理の原点は「両親の愛情弁当」

スポーツの強豪校で部員用の寮を備えている高校は、全国に数多くあるようです。しかし、部の監督なり指導者が生徒たちに料理をすべて作っている高校は数少ないのではないでしょうか。僕の知っている限り、相撲部では埼玉栄高校だけです。ほかの高校では栄養士さんが考えたメニューを調理師さんが作ったり、マネージャーが調理に関わる学校もあると聞きます。学校内の食堂ですませる学校もあるかもしれません。

僕が自ら生徒の食事を作るようになったのは、高校時代に苦い思いをしたからです。僕の出身高校である兵庫県の市川高校には運動部の寮があって、朝食と夕食は寮の食堂で食べていました。メニューは曜日ごとに決まっていて、それが1年間ずっと続きます。カレー、煮もの、魚、ハンバーグ、ウインナー、キャベツなどがくり返し寮の食卓にのるのです。

それがおいしければ文句はありませんが、味つけもよくないし、具材が少ない。カレーは具がほとんど入っていないスープカレー、煮ものの具材はすべてみじん切りでした。しかもご飯は「古々米か？」と思うほど嫌なにおいがすることも多く、そのにおいで食欲が失せてしまいます。

つねにおなかを空かしていた僕たち寮生は、エネルギー量が何より大事な運動部の食事がこんなに貧しいのはなぜだろう、と年中話していたものです。

高校には食堂もあって、運動部の僕らは食券をもらって食堂で昼食をとるのですが、ここの食事もメニューが少なく、残念ながら味も「おいしい！」とは言えないものでした。食堂には家から持ってきたお弁当を食べている一般の生徒もいるので、そんな生徒に食券をあげ、代わりにお弁当をもらったこともあります。家庭の手づくり弁当は最高です。一度、寮の食事をボイコットしたこともありました。寮で暮らす40人の運動部員が示し合わせて、寮の食事を拒否したのです。その後、多少の改善はありましたが、やはり味も量も不十分なままでした。

たとえばある曜日は、はんぺんフライ半分、ウインナー1本とご飯。こんなメニューなのです。栄養に関する知識に乏しかった高校時代の僕にも、「これでは相撲をとる身体を作れない」とわかりました。

年に一度、新入生の入寮式に近所のお店から仕出し弁当をとるのですが、その弁当のうまかったこと！　高校時代、学校から支給された食事でいちばんおいしかったのはこのお弁当でした。でも、これが食べられるのは年にたった1回なのです。

そんな食事にまつわる話を両親に電話でしていたら、僕の父親が週に2回、母親手づくりのお弁当を運んでくれるようになりました。それも僕のためだけでなく、寮の同部屋で暮らす運動部員10人分のお弁当を車に載せ、片道3時間もかけて運んでくれたのです。

当時、僕の両親は海産物問屋を営んでいたため、母が作ってくれるお弁当には自家製の干物が必ず入っていたものです。甘い卵焼きと牛肉入りのきんぴらも定番でした。

あのお弁当を食べた日から40年近くたつ今も、高校のとき同室だった仲間に会うと、「山田の家の弁当はうまかった」と言ってもらえます。僕自身もあのお弁当が誇りでしたし、親の愛を感じました。そして何より、心の底から「うまい！」と思えたのです。

こんな高校時代の思い出が、栄高校相撲部の食事とお弁当につながっています。卒業した生徒の多くが「もう一度食べたい」と言ってくれる寮のメニューに、炊き込みご飯があります。全国大会の前や大事な節目の際に女房の早苗が作るのですが、それももともとは僕の母の料理で、早苗は僕の父親から作り方を教わりました。

炊き込みご飯と一口に言っても、相撲部員の胃袋に収まるのはお米6升分。そこにたっぷりの具材を入れて合計10キロにもなる量を、３升炊きの釜３つを使って炊き上げます。下準備も半端ではありません。ニンジンやごぼう、シイタケ、油揚げなど、具材を刻むだけで2時間以上。その具材を大鍋の中で味つけしてから炊き込むので、準備だけで3時間以上かかります。

僕が見ていても大変そうですが、早苗は30年来、毎年このご飯を作るのを楽しんでくれています。僕も、生徒に食事を作ることを楽しむ気持ちはまったく変わっていません。高校時代、両親が与えてくれた「食の感動」を栄相撲部にきてくれた生徒たちに伝えていきたい。感謝しておいしく食べる喜びを味わったら、また次の世代に伝えてほしい。そう思っています。

しかし、高校時代の出来事だけだったら、僕は「食事も作る指導者」にはなっていなかったかもしれません。じつは大学時代にも、食にまつわる感動があったのです。

僕が日本大学相撲部の寮に入ったとき、相撲部の監督を務めていたのは田中英壽先生（現・日本大学理事長）でした。稽古場では恐ろしく厳しい監督でしたが、田中先生は学生の食事を自ら作っていたのです。相撲部のマネージャーも食事づくりを手伝っていましたが、田中先生は食材の調達にも出かけ、学生の前で毎日料理をしていました。といっても40人以上の部員を抱える相撲部ですから、田中先生一人ではとてもまかないきれません。先生の手料理を食べられるのは、レギュラークラスのエリート部員に限られていました。

当時、日大相撲部ではレギュラーとそれ以外の部員では、食べる場所もおかずの量も違う、という格差があったのです。それでも時折、レギュラー部員が何かの用事で外出しているときなど、田中先生はレギュラー以外の学生に声をかけ、直々に料理を盛ってくれたものです。

大学相撲の名門・日大に運よく入学できたものの、レギュラー入りなど夢のまた夢だった新入生の僕にとって、田中先生は雲の上の存在であり、憧れの人でした。僕だけに限りません。田中先生から声をかけてもらえること、田中先生の手料理を食べられることが、レギュラーになれない部員たちのモチベーションにもなっていました。

今僕が栄高校で相撲部員に食事を作っているのは、田中先生の影響です。道場で取り入れている指導スタイルも、多くは田中先生から学んだことを踏襲しているつもりですが、まだまだ足元にも及びません。

日大の相撲部仲間には、卒業後指導者になった者も多く、みんなどこかしら田中イズムを受け継いで指導に当たっています。このあと、折に触れて日大時代の仲間たちとの思い出や、田中先生の指導法についてもお話ししたいと思っています。

たっぷりと食べて、糖尿病と痛風が治った

数年前、管理栄養士の橋本玲子さんからの依頼で、栄高校相撲部の食事を３年にわたって調査したことがあります。

簡単に説明すれば、僕が作る栄相撲部の食事を３年間食べ続けると、選手たちの身体がどう変化するか、慶應大学スポーツ医学研究センターの協力を得てチェックしたのです。

結果は、自分でも驚くほど素晴らしいものでした。調査を始めたとき、相撲部の新入生に血糖値が基準より高い生徒と、尿酸値の高い生徒がいました。値からすれば、糖尿病と痛風の予備群でしたが、２人とも１年後には数値が正常範囲内になり、２年後にはさらに改善されました。

この２人に特別な食事を作ったわけではありません。ほかの生徒と同じご飯、同じおかずで毎日５０００〜６０００㎉のエネルギーを補給していました。しかも、僕がつくる食事には糖分や塩分もけっこう多めに含まれています。それでもプロの栄養士さんから見ると、栄養バランスがうまくとれているのだそうです。

強くなるために体重増加も必要とされる相撲の世界には、糖尿病や痛風といった病気のリスクがつねについて回ります。大相撲界にも糖尿病を患っている力士がいますし、小・中学生、高校

生の相撲大会で活躍する生徒たちのなかにも、若年性糖尿病と診断される子がいるのです。

栄養士の橋本さんが栄高校の食事をチェックしていた時期に血糖値が高かった生徒は、「糖尿病疑い」程度の数値でしたが、もう1人、栄高校には血糖値に問題がある生徒がいました。この生徒の場合は食事が原因ではなく、蜂窩織炎《ほうかしきえん》という病気になったことが糖尿病につながったのです。蜂窩織炎とは毛穴や傷口から細菌が入り、皮膚の深い部分に炎症が起きる病気で、患部が腫れあがったり、高熱が出たりします。

この生徒は蜂窩織炎の症状が重かったので病院で点滴を受けたところ、その点滴薬が原因となって、一気に血糖値が跳ね上がり、糖尿病になったのです。

その後、蜂窩織炎は治っても血糖値は下がらず、寮の食事やお弁当も糖分、塩分を控えなければならなくなりました。

寮ではふだんからスイーツやジュースを出しませんが、各自の誕生日だけは小さなケーキで祝います。22人いれば1年に22回、少しだけケーキを食べるチャンスが巡ってくるわけです。

しかし、糖尿病を治療していた生徒の誕生祝いは、牛丼に変えました。ケーキの代わりに牛丼にローソクを立てて祝ったのです。今から考えると不思議な光景ですが、そのときは僕も必死、ほかの生徒も文句一つ言いませんでした。

闘病中の生徒の血糖値が安定してきたとき、「今日は甘いおやつを食べていいぞ。全員で一緒に食べよう」と言ったら、みんな大喜び。仲間の病状が改善してきたことを、みんなが自分のことのように感じているのが伝わってきました。これも寮生活の素晴らしさだと思っています。

ジャンクフードは10日で身体を破壊する

人間の身体は正直です。どんなものを食べ、どんな運動をしているかによって、筋肉や脂肪のつき方も、皮膚の張りも違ってきます。相撲部の生徒たちは、規則的な食事とトレーニングをくり返すことで、相撲部員らしい体形を作りあげていくのです。

しかし、その規則正しさが崩れると、身体はすぐに変化してしまいます。たとえば夏休みを実家で過ごした生徒が寮に戻ってくると、言葉で報告を聞かなくても、どんな食事をし、どの程度自主トレーニングを行っていたかがわかります。体形や皮膚の張り、目の輝きなどから、休みの過ごし方を簡単に推測できるのです。

集団生活の窮屈さやきついトレーニングから解放されて気をゆるめ、お菓子や甘い飲みものばかりとっていると、とたんにふやけた身体になってしまいます。夏休みの時期にはインターハイがあるため、夏休みを丸ごと実家で過ごせるわけではありませんが、それでも明らかに体形を崩して戻ってくる生徒はいます。

身体は10日で変わる、とつねづね僕は思っていましたが、もっと極端な例もありました。学校のスキー合宿から戻ってきた生徒を見たとき、何か違和感を覚えたのです。

身体は一回り大きくなったようですが、単に体重が増えたというより身体全体がむくんでいるように感じます。そこで、すかさず聞きました。

「スキー合宿でお菓子をいっぱい食べただろう？」「いえ、食べてません！」

「甘い飲みものをたくさん飲んだんじゃないか？」「いえ、飲んでません！」

「ほんとか？」「ほんとです！」

同じ問いと答えをお互い3度くり返したあと、「身体を見ればわかるんだぞ！」と言うと、答えが変わりました。やっぱり、寮生活ではいっさい出ないジャンクフードをたくさん食べていました。たった3泊4日寮を離れただけで、一目見れば違いがわかるほど身体は変化するのです。目の届かないところでの行動ですから、あまり厳しく叱りたくはありません。でも、「いつでもおまえを見ているし、気づかっているぞ」と知らせることも大事だと、僕は思っています。

改めて30年間を振り返ってみると、生徒を叱る場面は年々少なくなりました。僕を仰天させるような行動をする生徒が減っているのです。一昔前の生徒たちは、夏休み中は金髪にしていたり、大事な試合の前に剃り込みを入れて異様な風体になってきたり、強烈な個性の持ち主が多かった気がします。

最近の生徒たちは総じておとなしい印象ですが、寮の規則にさからってみたり、実力がついて天狗になったりするヤンチャなタイプの生徒のほうが、伸びしろが大きい場合もあるのです。ちなみに金髪も剃り込みも、のちに大相撲の世界で活躍する生徒のエピソードですが、それがだれなのかは、内緒にしておきます。

年間のスケジュールと食事管理

高校相撲部は野球やサッカー、バスケットボールといったメジャーな部活に比べると、ぐっと地味な部活です。しかし、1年間に開催される高校相撲の大会は意外にたくさんあります。

まず地方の大会から見ていくと、毎年1月に埼玉県の大会が開かれます。現在、埼玉県内には相撲の強豪校は少ないので、県大会は順当に進めば、栄高校の場合、個人も団体も優勝に手が届くはずです。しかし、慢心したり緊張しすぎると、自分より実力的に劣る選手にコロッと負けることもある。私が監督になって初めての県大会がそうでした。「絶対勝てる」と思っていた私の驕《おご》りが選手たちに悪影響を与えたのでしょう。団体戦で負けました。実力だけでなく、心の動きも勝敗を左右する点が相撲のむずかしいところであり、おもしろいところでもあります。

毎年3月に高知県で新人戦、8月にインターハイ、10月には国体が開催されます。インターハイと国体の会場は毎回変わりますが、これとは別に弘前、金沢、十和田、宇佐の4都市で毎年全国大会が開かれます。すべて選抜大会で、選抜方法は大会によってさまざまです。4都市の大会はどれも規模の大きな大会ですが、とくに北國《ほっこく》新聞社が主催する金沢大会は、１万５０００人を収容する卯辰山相撲場で行われ、会場がいっぱいになります。

栄高校はほぼすべての高校相撲大会に参加しているので、稽古内容や食事もそれに合わせて調整しなければなりません。調整方法はそのときの出場メンバーや季節などによっても異なるので一概には言えませんが、共通しているのは大会1週間前ぐらいから稽古の量・時間を減らすことと、炭水化物をたくさんとってもらうこと。とくに春先は怪我がいちばん多いので、道場でも充分気を配らなくてはなりません。

炭水化物をとるのは、体内でエネルギーに代わる時間が速いからで、ご飯やスパゲティなどパスタ類を多めに出します。身体と心がどんなに強い選手でも、大会が近づくと緊張するので、胃の働きが鈍ります。そのため油の使用量を少なくしたり、煮ものの味をやや薄くする。ちゃんこ鍋の場合は、先に味をつけずに水で炊き、ポン酢で食べるなどして、胃にやさしいメニューに切り替えるのがポイントです。

もう一つ気を配らなければいけないのは、出場選手に選ばれた生徒の食べる量。ふだんより少し減っていても、無理に食べさせることはしません。大事なのは胃を疲れさせないことなので、「食欲がなかったら残して、食べたいと思ったときに食べろ」と伝えています。

いつもの料理をほんの少しだけ薄味にする、さりげない一言で緊張をほぐす――こんな些細なことだけで、敏感な生徒は僕の気配りに気づいてくれます。すると、監督の思いに応えよう、という気持ちになる。生徒たちは多感な時期でもありますから、自分を思いやってくれる人がいる、と気づくだけで急激に成長します。30年以上さまざまな生徒たちと接してきましたが、強くなる生徒は、周囲の人間の心を読むことも上手です。

食事、稽古、トレーニングの黄金バランス

ここまで食事のことばかり話してきましたが、栄相撲部員の身体が健全に大きくなるのは、食事の効果だけではありません。むしろウエイトトレーニングの力が大きいと思っています。

これを取り入れたのは17年ほど前ですが、その当時相撲部でウエイトトレーニングを行っている高校はほとんどありませんでした。しかし、このウエイトトレーニングが功を奏したことは確かだと思います。栄相撲部が大きな大会で成績を残せるようになったのも、このトレーニングを導入してからです。

相撲の稽古やトレーニングを時間で測ると、栄相撲部はかなり短いと思います。午後の稽古は2時間程度ですが、きちんと時間を決めて行うわけではなく、大会までの日数や、その日その場の雰囲気で変えています。

といっても2時間を超えることはなく、変更はすべて短縮。全体的に疲れている空気が流れていたら、さっさと切り上げます。だらだらと続けていても身にならない、力にならないと思うからです。かえって怪我のもとになることもあります。

毎日の稽古の内容は、四股《しこ》やすり足、腕立て伏せなどを組み合わせたサーキットトレーニング

（筋トレと有酸素運動をくり返す練習法）が主体。１セット終わったら休憩を入れずに次のセットに入りますので、時間が短いわりにはかなりハードです。

相撲の稽古と聞いて多くの人がイメージするのは、実戦と同じように１対１で相撲をとる「申し合い」稽古だと思いますが、うちではあまり行いません。大会が近づいてくると多少は申し合い稽古も行いますが、それでも多くはやらせない。番数が少なくても感触がよさそうだったら、そこでストップをかけます。相撲は基本、一番、一番の勝負なので、生徒の頭に「いいイメージ」が浮かんだところで終わらせ、そのまま試合に臨ませたいのです。

１年生は初めの３か月間基礎トレーニングだけ行い、徐々に負荷をあげていきます。２年生、３年生になると、道場にあるトレーニングマシンのほか、２５０kg、３００kgといった巨大タイヤも使って、休みなくトレーニングを行うのです。入学したばかりの１年生にとっても、２、３年生にとっても、水曜日のトレーニング日はかなり厳しい内容だと思いますが、成果は確実に現れます。

きつ過ぎるトレーニングはよい指導者がいないと故障につながりやすい難点がありますが、栄相撲部には岡武《おかたけ》聡さんという、頼もしいトレーナーがついています。岡武さんはトレーニングのエキスパートであるだけでなく、リハビリの腕も抜群で、鍼灸治療もこなすマルチなトレーナーです。とりわけひざの治療、リハビリに精通していて、生徒がひざを怪我して手術をするときには、病院までつき添ってくれることもあります。執刀を担当するドクターも岡武さんを信頼しきっているので、手術のすべてを公開し、どこをどう切ってつないだか、細かい説明もしてくれるそうです。これが術後のリハビリに役立つことはいうまでもありません。

栄の相撲部で岡武さんのトレーニング指導を受けた生徒は、大相撲の世界に進んでからも岡武さんを頼ってやってきます。水曜日の稽古日、母校の道場に足を運び、後輩たちと一緒にウエイトトレーニングに汗を流したり、痛めた箇所のリハビリをしているのです。

２０２０年の１月場所をもって現役を引退した元大関・豪栄道（武隈《たけくま》親方）も、よく水曜日にきていました。大関・貴景勝は、２０１９年の夏場所で右ひざを負傷したとき、千賀の浦親方に許可をもらって栄相撲部の寮に寝泊まりし、岡武トレーナーのリハビリを受けました。

栄の現役相撲部員にしてみれば、憧れの先輩を間近に見られるわけです。直接指導を仰ぐことはありませんが、相撲界で活躍している先輩たちと同じ道場でトレーニングできるだけで、学べるものは計り知れないと思います。

岡武先生のほかに、もう１人栄相撲部員がお世話になっている先生がいて、相撲部の生徒も卒業生も、不調があるとその先生のもとへ通っています。

僕自身は、相撲をとるために必要な基礎体力をつけるアドバイスと、無駄な脂肪のない大きな体にするための食事を作ることしかしていません。僕にできるのは、たったそれだけなのです。

埼玉栄高校相撲部が「強豪」「常勝校」などと言われるようになったのは、食事と稽古、トレーニングが絶妙なバランスで効果を高め合っているからだと思います。

僕が長年監督を続けていられるのは、周囲で頼りになる人たちが力を合わせて生徒を支えてくれているおかげなのです。

わが子の心と体を強くする、
人生に「勝つ」食事力

2章

食事で「ルール」を身につける

1年間のちゃんこ番修業で性格を把握

栄高校相撲部の朝稽古は、高校2年生と3年生だけで行います。寮生活を始めたばかりの高校1年生は、起床したらまずは朝食の準備。それぞれ、ちゃんこ番、掃除当番、洗濯当番を交替で担当してもらうことになっています。ときには、先輩の身の回りの世話などをしてもらうこともあります。栄高校では、1年生のこうした役割を、相撲の稽古を本格的に始める前の基礎修業ととらえているのです。これを「雑用」と考えていやいや行うか、「相撲修業の一環」と考えて積極的に何かを吸収していくか。その後の成長速度は、ここで大きく分かれます。

高校卒業後、すべての相撲部員が大相撲の世界へ飛び込んで行くわけではありません。毎年、大半の生徒は大学へ進みます。どういう進路を選ぶにしても、新しい生活を円滑に営むためのルールや、人としてのマナーを栄相撲部の寮で身につけて巣立ってもらいたいのです。もちろんそのとき、「栄高校相撲部の一員」であったことに誇りをもって次のステップへ進んでくれたら、僕にとってこんなにうれしいことはありません。

ちゃんこ番の1年生は5時半起床。2階、3階の居室から1階のちゃんこ場に降りて、炊飯器のスイッチを入れるのが最初の仕事です。

お米は前日に6升分をとぎ、水に浸して炊飯器に入れておきますが、水分量を加減することも教えます。お米の種類や新鮮度、季節や温度などによって炊き上がりが異なるので、ふっくらとおいしいご飯が炊けるよう水分量を調整することを覚えてもらうのです。

僕はご飯が炊き上がる6時ごろにちゃんこ場へ入って、朝食とお弁当のおかずを作り始めます。そのあいだ、ちゃんこ番の生徒はお弁当パックを準備し、炊き上がったお米をパックに詰めていきます。簡単な仕事に見えて、これも案外センスが問われるのです。

僕は調理をしながらその様子を見て、声をかけます。

「ご飯は全員同じ量に盛れ。ぎゅうぎゅうに詰まって見えないように、きれいに盛れよ。そうするとあとから入るおかずもおいしそうに見えるからな」

ご飯が入ったら、そのあと僕がおかずを詰めていきますが、生徒に「センス」を求める以上、僕も気をつかいます。今でこそ、どの材料をどこにどう詰めたらおいしそうに見えるか勘でわかりますが、最初のうちは唐揚げがどうしてもパックからはみだしたりして、一苦労ありました。

部員は身体の大きい子、小さい子、食欲旺盛な子、食の細い子、と千差万別ですが、お弁当は1年生から3年生まですべて同じ量を食べてもらいます。朝食や夕食の量までは細かく指導しませんが、食べものも寮での仕事も、基本的には極力平等にしたいのです。

春のちゃんこ場は、新入生の性格や行動を把握する場でもあります。稽古場で私語はしませんが、ちゃんこ場で生徒たちが交わす言葉や動き方に注意していると、それぞれの性格や部員同士の関係もわかってきます。

料理を作る姿で伝える「愛情」

栄相撲部の生徒が暮らす寮と、僕の家族が生活する部屋は、一つ屋根の下にあります。外見は飾りけのない小型マンションといったところでしょうか。

埼玉栄高校が建ててくれた建物ですが、実質的には相撲部員と僕たち家族が同居する合宿所といった構造です。玄関は寮と山田家の個人宅で一応分かれていますが、内部は1階のドア1枚でつながっていて、24時間鍵はかけません。

生徒たちの玄関から1階のドアを開けて入ると、そこがちゃんこ場です。僕の家族が住んでいる場所は、ちゃんこ場の2階と3階に当たります。僕たちは必要に迫られたときしか生徒の生活空間に入ることはありませんが、生徒のほうはいつでもちゃんこ場に出入り可能。夜中におなかが空いたとき、ちゃんこ場で何か食べられるようにしてあげたいからです。それと、鍵をかけないのは生徒を信頼しているからでもあります。

44～45ページで、僕はちゃんこ場で料理を作りながら生徒の言動に気を配っている、と言いましたが、生徒たちも同じことを思っているはず。とくに1年生は、今後3年間、「寝食をともにする」監督はいったいどういう人間なのか、必死で観察しているに違いありません。彼らにとっても、ちゃんこ場当番のときが、最大のチャンスのはずです。トレーニング中は、そんな余裕はないでしょうから。

栄相撲部のちゃんこ場は、たいして広くありません。食事の時間に大きめのテーブルを3卓置き、20数人がその周りに座ると、ほとんどちゃんこ場のスペースが埋まってしまうぐらい。20人以上の食をまかなうスペースとしては、あまり恵まれているとはいえません。

調理台にしてもプロパンガスを引いたガス台が2つだけ。焼き魚やローストチキンなどが作れるオーブンもありません。ガス台はちゃんこ鍋用とカレー用の大鍋を置けばいっぱいになってしまうので、ちゃんこ場の床にもガス台を置き、女房の早苗は床に座った状態で唐揚げを作っています。僕は1日のなかで空いた時間にちゃんこ鍋やカレーなどの下準備をしていますが、直前の調理はやはり床に座って行うことが多い。最近重宝しているのが、大きめのホットプレートです。焼きもの、炒めものは、ほぼこれ一つでできてしまいます。しかも、順番を工夫すれば、いちいち洗わなくても使い続けられるのです。

たとえば、最初は少し油を使って巨大な卵焼きを作り、卵焼きをとり出したらウインナーを炒めます。その次は栄相撲部定番の焼きそば作り。前にお話ししたように野菜、肉、麺と別々に炒めますが、まずウインナーの油が残っている状態で野菜を調理。次に肉を炒め、麺を炒めて最後にすべての具材を合わせます。もし最初に焼きそばを作ってしまったら、ソースがついたホットプレートを一度きれいにしないと次の料理に移れませんが、段取りをうまく考えれば手早く、効率よく、たくさんの料理ができるわけです。

料理をしながら、そんなこともさりげなくちゃんこ番の生徒に伝えていきます。料理に限らずどんなことでも段取りがうまくなれば、無駄な時間を使わずにすむうえ、所作が美しくなると僕は思っています。僕の場合は床にあぐらをかきながら卵焼きや焼きそばを作っているので、決して美しい姿ではないでしょうが、手際よくこなす姿や、愛情を込めて料理を作っている姿を生徒に直に見せることはとても大事だと信じているのです。

もっとも、ちゃんこ番の生徒たちが僕の意図に気づくのは、入寮から半年以上たってからかもしれません。はじめのうちは、ちゃんこ場に必要な用具、日常的に使う調味料や食材がどこに入っているのかを覚えることに必死です。冷蔵庫、スチール棚、戸棚の中に何がどう入れられているのかを把握し、「小麦粉！」と言われたら素早くそれを僕のもとへ運び、終わったら元の場所へきちんと戻さなければなりません。

慣れればむずかしい作業ではないはずですが、そもそも料理をしたことがない彼らにとって、最初のハードルはかなり高いと思います。しかも、食事の準備中は食材を置くテーブルをいくつか出すので、ちゃんこ番の動ける範囲もかなり狭い。そこで一人一人、役目がかぶらないよう、動線が同じにならないよう、注意して動くことを求められるのです。

つねに火を使っているちゃんこ場には、危険もたくさん潜んでいます。火事の危険もありますし、大鍋で煮立ったちゃんこがこぼれれば、大やけどを負う恐れだってある。じつはうちでも一度、生徒が味噌汁を自分の脚にこぼしたことがありました。これは食事の準備中ではなく食事どきのことですが、短パンをはいて食べていたため、皮膚に直接熱い汁がかかってしまったのです。

こうした過去のエピソードも生徒たちに話しながら、危険を避ける方法を教えています。

ちゃんこ番のうち、だれがどんな役目をするか、僕はいっさい口出ししません。基本、生徒たちの自主性に任せているのです。しかし、数か月見ていてあまりにもちゃんこ番に向いていない生徒がいたら、ちゃんこ番を免除して、掃除と洗濯に専念してもらいます。ちゃんこ番、掃除番、洗濯番、どれもまんべんなくこなせるようになることが理想ですが、向き不向きを見て、向いていないことからは解放してあげたいのです。

これまで見ていると、ちゃんこ場での役割は、入寮して2～3か月もたつとだいたい決まってきます。のみ込みの早い生徒は、夏休み前ころになると、見事な動きを見せるようになります。秋ごろには僕や早苗がものを頼む前に察知するようになる。2年生への進級が迫るころには、それぞれが自分の役目をしっかりこなし、狭い場所を素早く移動しても人とぶつからないようになっていきます。

あるとき、ちゃんこ場を訪れた人が、生徒たちの動きを褒めてくれました。

「姿勢よく、音も立てずにさっと動いて、まるで禅寺の修業僧たちのようですね」

そう言われて気づいたことがあります。じつは僕の出身高校は、禅宗のお坊さんが開いた学校で、しつけには厳しかった。

高校時代の思い出といえば寮の食事のまずさが真っ先に浮かびますが、もしかしたら禅宗流の「しつけ」が、自分のなかに残っているのでしょうか。修業して道を究めるという意味で、相撲道は禅の修業に通じるものがあるのかもしれません。

食事マナーを3か月で向上させる

新入生に真っ先に覚えてもらいたいのは食卓でのマナー。もちろん洋食のフルコースを食べるときのような正式なマナーではなく、「一緒に食卓を囲む人に不快感を与えない」ための、ごく当たり前のマナーです。

50代の僕が子どものころは、どこの家庭でも食事のマナーをきちんと教わったものです。とくにわが家は父親がしつけに厳しく、食事の時間には箸の持ち方、使い方からおかずの食べ方、食べる順番まで毎日のように教わりました。あるとき、うっかり、ちゃぶ台に肘をついてご飯を食べようとしたら、父親にちゃぶ台をひっくり返されました。

僕の感触では、最近の子どもたちは食事のマナーについて、昔ほど両親や周囲の大人から注意を受けずに育っているようです。両親が共働きをしていたり、子どもたちも塾や習いごとなどで夕方家を空けるため、食事は家族と別に一人で食べる機会が増えているのかもしれません。

僕が監督に就任した32年前ごろより明らかに目立つのは、食卓に肘をついて食べる新入生が多いことです。ここ5年ぐらいの新入生を見ると、8割もの生徒が食事どきに肘をつくクセがついている。そういう子を見ると、これまで一人でテレビを見たり、漫画を読みながらご飯を食べていたんじゃないかな、と想像してしまいます。

しかし、それまでの環境がどうであれ、栄相撲部に入ったからには、最低限のマナーを覚えてもらわなければなりません。肘をつく生徒には、最初に厳しく注意します。

ちゃんこ場で使っているテーブルは折りたたみ式の座卓です。しかも脚をたたんだまま食卓にしているので、茶碗やお皿は床とほとんど変わらない位置に置かれます。この位置の食卓でマナーよく食事をするには、背筋を伸ばして座り、茶碗やお皿を低いところからもち上げて、食べものを口に運ばなくてはなりません。

もし、このちゃんこ場でテーブルに肘をつこうとすると、かなり前かがみの無理な姿勢になりますが、それでも肘をつこうとする生徒がいるのです。

食卓でのマナーは若いうちに訓練しておかないと、大人になってから直すのに苦労します。肘をついたり、茶碗を持たずに食べたり、大事な場面でふと悪いクセがでてしまうものです。大学の相撲部や相撲部屋の食事でも同じ。場所によっては食事のマナーを注意してくれない指導者もいるので、うちではなおさら厳しく言います。

「そういう食べ方をしていると、大人になってから恥をかくぞ!」

何度か注意しても直らない生徒には、こう言うこともあります。

日本古来の格闘技である相撲には、礼儀が欠かせません。相撲の実力をつけたいのなら、日ごろの礼儀から学んでほしいのです。

生徒たちにマナーを教えるとき、卒業生の話もよく引き合いに出します。たとえば、貴景勝。

中学校時代、中学横綱に輝き、「もっと強くなりたい」と闘志を燃やして栄高校相撲部へやってきたのですが、食卓でのマナーはぜんぜんできていませんでした。箸の持ち方はいい加減。一言でいえば行儀の悪い食べ方をしていたのです。

しかし、貴景勝の場合は監督の僕に叱られる前に、同じテーブルで食事をする先輩から注意を受けていました。ちゃんこ場ではテーブルを３つ出し、寮で同部屋の生徒たちが同じテーブルで食事をする決まりです。

部屋割りは1年、２年、３年と異なる年代の生徒を組み合わせているので、新1年生にマナーの悪い生徒がいると、同部屋の先輩が気づいて直してくれます。

新入生のころは叱られてばかりだった生徒が、自分と同じようにマナーを知らない後輩を導いてくれるのです。貴景勝を叱ってくれた先輩は、卒業後に角界入りし、２０１９年に引退した鳴《なる》海《み》智《さとし》君でした。

僕が見た限り、貴景勝は最初のうち、反抗的な表情も見せていました。中学横綱のプライドもあって、素直には注意を聞けなかったようです。しかし、先日、貴景勝に会って栄高校相撲部時代の話題になったとき、彼はこう言っていました。

「栄に入ってすぐ鳴海先輩にいろいろ教えてもらわなければ、自分は今もマナーがぜんぜん悪いままだったと思います。あの先輩のおかげで、今の自分がいます」

さらに、こうも言うのです。

「栄で教わることは、今すぐすべて理解できなくてもいい。卒業したあと、栄のありがたさがわかるときがくるから。高校時代、山田先生にそう言われたことが、ようやくわかりました」

大関の地位まで上りつめたとはいえ、20代前半でこれだけしっかりしたことを言える貴景勝は、栄高校の誇りです。と同時に、後輩たちにとって素晴らしいお手本になってくれています。

僕が教えられることには限りがあります。気の利いた言葉もかけられません。でも、そんな僕を、成長した卒業生たちが後押ししてくれています。「先輩の成長エピソード」ほど、生徒たちを勇気づけるものはないからです。

ところで貴景勝は高校1年の1年間で、20kg近く体重が落ちました。入部したとき１４０kgぐらいあった体重が、2か月、3か月とたつごとに、みるみる減っていきました。

入部1年目に体重が減った生徒は、貴景勝だけではありません。というより、ほぼ全員、1年で15～20kgは軽くなります。ストレスや栄養不足から体重が減ったのではなく、中学までに体内に蓄積してきた余分な脂肪分が排出されたのです。つまり、相撲には必要のない〝ぜい肉〟がなくなったわけで、むしろ身体の調子はよくなってきます。

食事、稽古、ウエイトトレーニングの継続で不要な脂肪がなくなれば、次はおのずと必要な筋肉がついてくる。数か月から1年かけて元の体重に戻るころには、同じ体重でもぐっとパワーアップした肉体がつくられているのです。

しかもそのころには、みんなのマナーも見違えるほど向上しています。動ける身体になることで自信がつき、自信がつけば自らの言動にも気をつけるようになる。1年下の後輩を寮に迎える時期には、栄高校相撲部員らしい風格もほんの少し出てくるのです。

嫌いなものは、無理に食べなくてOK

だれにでも食べものの好き嫌いはあります。栄高校相撲部は、これに関しては非常におおらかです。

「嫌いなものは無理して食べなくていいぞ！　好きなものをおいしく食べて大きくなれ」

新入生には最初にこう言っています。おかずを小皿で一人一人に出すのではなく、大皿に盛っているのは、嫌いなものはとらなくてすむようにするためです。

最近の子どもたちは偏食が進んでいるとよくいわれますが、これに関しては他人が口出しして無理やり食べさせても、いい効果は得られない気がします。

「おいしく食べれば栄養になる」と信じていることは前章でお話ししましたが、逆もまた真なり。

「まずいと思いながら食べても栄養にならない」と、僕は思っているのです。

また、「どうしても苦手な料理や食材」あるいは「食卓にあるだけで食欲が失せる料理や食材」、「アレルギー反応を起こす食材」などについては、寮に入る前にすべての生徒から聞いています。

そして、その生徒が寮で暮らす3年間は、それを口にしなくてすむよう気を配ります。

しかし、毎日の食事に欠かせない食材を嫌いな生徒がいるときは非常に困りました。たとえばキュウリはサラダに欠かせない食材です。そこでキュウリの場合は、まず嫌いな生徒用にキュウリを抜いたサラダを作って小皿で出し、ほかの生徒にはキュウリ入りのサラダを大皿で食べてもらっていました。

卵が嫌いな生徒が入寮したときも困りました。幸いこの生徒の場合、卵焼きなら食べられたのですが、しっかり固く焼きあげないと、食べられないのです。その生徒は卵の白身と黄身が分離しているのを見るのが苦手で、ふんわりやわらかい卵焼きでは「白身と黄身が混ざり合っていない」と感じるのです。

ですから、目玉焼きはぜったいに食べられません。目玉焼きは極めて簡単にできて栄養がとれるありがたい料理ですが、嫌いな生徒がいるあいだは彼にだけふんわりした卵を出していました。白身と黄身が分かれている卵料理を嫌っていたのは高山和典君という生徒で、現在は北海道栄高校相撲部の監督をしています。

高山君は高校生しかいなかった相撲部の寮に初めてやってきた中学生で、彼が高校1年に進学したとき、大阪から豪栄道、兵庫から妙義龍が入学してきました。

妙義龍は好き嫌いがなくなんでも食べていましたが、豪栄道には苦手な食べものがありました。それは、刺身など、生の魚類。豪栄道の在籍中、刺身をメニューに加えるときは、豪栄道だけ焼いたり、煮たりした魚を出していました。こうすればおいしく食べてもらえるのです。とくに焼いた塩漬けの鯖が大好物で、「焼き鯖がお弁当に入っている日はうれしかった」と言ってくれています。

生徒たちのなかには、入寮当時嫌いだった食べものをだんだん食べられるようになる者もいますが、豪栄道の場合はこれにかんしても一徹。いまだに刺身類は大の苦手です。

２０２０年の初場所後に引退し、武隈親方となった豪栄道ですが、度重なる怪我を押して33場所も大関の地位を守り、見事な引き際を見せたことで男をあげました。豪栄道の我慢強さ、決断の速さは、高校時代から変わっていません。栄高校の寮生活をしていたころも、本名の豪太郎という名前そのままに、男らしい豪快な面を見せていたものです。

ただし、食事の場面になると、その豪快さがマナーの悪さにつながってしまう側面もありました。入学当時の豪栄道は鶏の唐揚げが好物でしたが、骨つき唐揚げだと肉のやわらかいところだけしか食べません。骨の周りにまだ肉がついているのに、それを下に置いて次の唐揚げを口に運び、またやわらかい部分だけ食べるのです。豪快といえば豪快ですが、寮生活で高校生にこんな食べ方をされては困りますから、これも厳しく叱りました。

２０２０年の春まで、昭和の大横綱・大鵬関の孫に当たる４人兄弟が栄高校の相撲部に在籍していましたが、彼らは揃いも揃って大の野菜嫌いでした。三男の納谷幸之介君だけは少しなら食べられましたが、あとの３人は根菜以外の野菜がすべて食べられないのです。

しかし、さすがに野菜をまったく使わない食事は考えられません。納谷兄弟のだれかが寮にいるときには、ほかのみんなにはふつうに料理を出して、納谷兄弟には「無理して野菜は食べなくてもいいぞ」と言っていました。

納谷兄弟の母親は大鵬の娘さん、父親は元関脇の貴闘力で、兄弟は父親が親方を務めていた大《おお》嶽《たけ》部屋で子ども時代を過ごしています。血筋から考えても、生育環境面から見ても、相撲の道へ進むのは当然、と幼少時代から注目されていた兄弟です。

本人たちも小さいころから相撲になじんで育ったのですが、栄養面では全員偏りが生じていました。父親がいる相撲部屋のちゃんこも食べていたはずですが、野菜嫌いを矯正してくれる人がいなかったのかもしれません。でも今は、4人とも野菜を食べられます。

現在、納谷兄弟の長男・幸男君は、プロレスラーとして活躍しています。栄相撲部に3年間在籍していましたが、初代タイガーマスクの佐山聡氏に弟子入りして、プロレスの道へと進路を変えたのです。幸男君からデビュー戦のチケットをプレゼントされたおかげで、僕は生まれて初めてプロレスを生観戦することができました。

次男の幸林《たかもり》君は栄高校から中央大学へ進みました。三男・幸之介君は次兄より1年早く高卒後に角界入りし、次世代を担うホープの一人として期待されています。次男の幸林君、四男の幸成君は２０２０年にそれぞれ中央大学、栄高校を卒業し、三男がすでに所属している大嶽部屋へと入門していきました。

卒業した力士たちとは今も時折電話で話をしますが、水曜日恒例のウエイトトレーニングに参加してくれると、身体つき、話し方、話の内容で現在の成長度合いが確認できます。それも僕の楽しみの一つ。

そんな日は、もちろん張り切って卒業生にも夕食を作り、現役生たちと一緒にみんなで食事をします。

日本一厳しい？　栄高校相撲部の掟

共同生活の場には、当然ながらいくつもの「掟《おきて》」があります。

僕自身、高校時代に寮生活を体験しているだけに、その窮屈さ、不自由さは充分知り尽くしています。でも、そんな厳しい掟のなかで寝食をともにした仲間との絆がかけがえのないものであることも、よく知っています。栄高校相撲部の掟はとくに「厳しい」といわれますが、なかでも「携帯電話・スマートフォン」のことがよく話題にのぼります。

ある教育機関の調査によると、高校生は男女とも90%が携帯電話を所有しているそうです。しかし、栄相撲部の寮で暮らす生徒は「携帯電話所持禁止」です。学校に行けばクラスメートの大半が携帯を持っている環境下で、携帯を禁止するなど「時代錯誤」ととられるかもしれません。

実際、有望な中学生をスカウトするとき、ほぼ栄高校への進学を決意していた生徒が、「携帯禁止」とわかったとたんに断ってきたケースがありました。

私自身、2、3年前からこの掟については葛藤しています。あまりにも相撲漬けの生活なので、せめて携帯電話を持たせてやりたいという気持ちもあり、心が揺れているのです。生徒たちが相撲部以外の同級生や家族、地元の友人たちといつでも連絡ができるように、あるいは僕の眼が届かないところで緊急事態が起きた場合に備えるためにも、携帯電話を生徒に持たせたほうがいいのかもしれない。一時期は、「携帯解禁」にだいぶ心が傾きました。

監督仲間と話をすると、生徒の勧誘にも携帯電話はずいぶん役立っているようです。携帯を持っている相撲部の生徒はひんぱんに親や地元の友人、出身中学の後輩たちと連絡をとっているので、「先生、僕の後輩が急激に実力をつけてきました」などという情報が入りやすいからです。

中学相撲で頭角を現した生徒は複数の学校から勧誘を受けるので、できればどこよりも先に会いに行って、「栄に来いよ」と言いたい。この点からも、携帯解禁を考えたこともありましたが、これは生徒のためではなく僕のエゴです。

もし生徒に携帯を持たせれば、どうしても携帯画面を見る時間が多くなるでしょう。ある意味、外部の情報を遮断して相撲に打ち込んでいた栄相撲部のあり方が変わってしまう気がします。やはり栄相撲部は、「古い」「遅れている」と言われても、高校を卒業するまでは携帯と無縁な合宿生活を貫きたい。携帯を持たない寮生活を、「相撲に専念できる期間」ととらえてくれる生徒だけに入部してもらえればいい。

生徒たちと僕が離れているときの連絡は、キャプテンに子ども用携帯を渡して行っています。今まで、これで何の支障も不便さも感じませんでした。やはり「携帯禁止」の掟は、まだしばらく続けようと、今はそう思っています。

禁止事項では、もう一つ栄相撲部独自のものがあります。ブランドものの財布やバッグの禁止です。小学校高学年を対象にしたわんぱく相撲や中学生の相撲大会で活躍する子どもたちは、周囲の大人たちからプレゼントをもらうなど、ちやほやされる機会が多い。

　実際、栄高校の寮に入るとき、大人でもなかなか買えないブランドものの財布やバッグを持ってくる生徒が何人かいました。それを見つけると、「高級な財布は大人になって自分で稼げるようになってから買え」と言って、生徒の実家に送り返します。そういえば貴景勝も、ブランドの財布を取りあげられた一人でした。

　さらにもう一つ、男女交際も禁止です。これは栄高校自体、全校をあげて「男女交際禁止」のルールがあります。学校のルールはゆるいものですが、相撲部の男女交際禁止は「絶対的」な掟です。これに関しては今まで破って怒られた生徒はいません。

　大きな禁止事項は今あげたものぐらいで、あとは門限、消灯など日常の細かいことばかりです。夜8時半の門限も、今は破る生徒がいなくなりました。年々生徒たちはまじめでおとなしくなっているようです。指導者としては手のかからない子どもたちばかりで助かりますが、本音を言うと少しもの足りない気もしています。

　昔の生徒たちにはヤンチャな子が揃っていました。門限破りは当たり前。寮の前から自転車に乗っていくと音でバレるので、路地から通りへ出るまで自転車を担いで行き、そこから自転車に乗ってどこかへでかけていたようです。どこで何をしていたかは知りませんが、外で問題を起こした生徒は一人もいません。別に夜遊びがしたいわけではなく、「門限破り」のスリルそのものを味わっていたような気もします。

　僕自身、その気持ちはわかりますから、「門限を破るなら見つからないようにしろよ」と内心思っています。もちろんそうは言えませんし、見つけたらきつく叱ります。

今から10年くらい前、複数の生徒が携帯を持っていたのを発見したこともありました。北勝富士や翔猿がいた時代で、あのときはかなり激しく叱ったものです。

10年ほど前までは、掟破りをした生徒をゴツンとやることもありました。文科系の部活しか体験していない方には、ずいぶん乱暴だと思われるでしょうが、少し前までのスポーツ系部活は、どこもそんなものだったと思います。

今はいっさい鉄拳制裁をしていません。大相撲の世界でも暴力問題がしばしば浮上していますので、高校相撲の監督も叱り方に気をつけていると思います。指導者が自己保身のために怒っているのか、生徒のためを思って叱ってくれているのか、高校生たちは思いのほか敏感に見抜いています。

毎年正月になると栄相撲部の寮に卒業生が集うのですが、そこで必ず話題にのぼるのは「いたずらがバレて、山田先生にひどく怒られた」とか、「バレなかったけどこんなことがあった」とか、掟破りやヤンチャなエピソードばかり。「あのときは俺が代表で怒られたけど、じつは俺はぜんぜん関係なかった」などと、思わぬ真実が語られることもあります。

僕自身、高校や大学の相撲部仲間と会うと、いちばん盛りあがるのは「怒られた」「喧嘩した」「いたずらした」という話ばかり。日大相撲部の仲間とは、田中先生が手づくりしてくれた料理や、合宿所のエピソードが毎回のように飛び出します。叱られた出来事、そして食べものの思い出は、いちばん印象深く残るのです。

Column

公認スポーツ栄養士・橋本玲子さん「おいしく食べる」ことの大切さ

「うちの子は食が細いんです。どうしたらよく食べて大きくなれますか？」

　スポーツをしている子どもの母親から多く寄せられる質問ですが、つぎの言葉が最良の答えになると思います。

「食事がおいしければ自然にたくさん食べます。食べれば身体は大きくなるんです」

　山田道紀監督の言葉です。

おいしさの秘訣は、何より「愛情」

　私自身、栄高校相撲部の稽古をたびたび見学し、監督の食事を何度もいただいて、この言葉の正しさを実感しています。しかも、料理の内容もおいしさも、そのつどバージョンアップしていくので、いつも驚いています。

「おいしく食べれば栄養になる」

　これも山田監督が生徒さんによく言っている言葉ですが、やはり真実です。

「おいしい！」と味わって食べれば唾液の分泌が促され、副交感神経が優位に働いて消化がよくなります。消化酵素の働きが活発になり、消化機能そのものが向上して、栄養素が身体の隅々に行きわたるのです。

橋本 玲子（はしもと れいこ）
株式会社 Food Connection 代表取締役。管理栄養士、公認スポーツ栄養士。サッカーＪリーグやラグビートップリーグの選手らトップアスリートをサポート。スポーツをする子どもとその保護者に向けて、食事事情にあわせた講演なども行う。

ここまで簡単に「おいしい」という言葉を使ってきましたが、「食事をおいしく作る」のは簡単なことではありません。

おいしさの秘訣はいくつかあると思いますが、栄高校相撲部の食事が「おいしい」のは、山田監督と夫人の早苗さんの「愛情」がもっとも大きな要素だと確信しています。

ちゃんこ場で生徒たちと接するご夫妻の姿を拝見していると、生徒への愛情が伝わってくるのです。

パフォーマンスを向上し、病気を予防

私が栄高校相撲部の食事に注目したのは、２０１６年のことでした。テレビの仕事でお会いした山田監督の料理に心を打たれ、その後3年間にわたる調査もさせていただきました。

２０１６年~18年までのメニューを栄養評価し、それが新1年生7人の体作りにどう影響を及ぼしたかを調べたのです。

栄高校相撲部の食事は、生徒１人あたり１日約６０００kcal（夜食を除く）。

一般にこれだけのカロリーをとると、脂質の量が多くなるのですが、山田監督が作る食事は脂質の割合が30%以内。スポーツ栄養学から見て、健康の維持とパフォーマンスの向上に適した基準を満たしています。

たんぱく質、炭水化物（糖質）、ビタミン、ミネラル、食物繊維の摂取量も基準値以上で、栄養バランスに優れたメニューであることも確認できました。

調査に協力してくれた7人のなかに血糖値、尿酸値の高い生徒がいましたが、1年後にはそれぞれ数値が改善されました。生徒たちに行ったアンケートでは、「野菜を食べられるようになった」「甘いものやジュースをとらなくなっ

た」の声が多く寄せられています。

「栄の相撲部に他校と違う点があるとすれば、ウエイトトレーニングと食事」

山田監督がこう語るとおり、栄相撲部は筋力トレーニングやランニングにも力を入れています。生徒たちが健康的に身体を大きくできるのは、これらの要素もあってのことでしょうが、何より監督の心を尽くした「手料理」の効果は絶大だと思います。

しかも、エネルギーや栄養素の計算はいっさいなし。「自分の勘」でおいしく、栄養バランスに富んだ食事を作りあげるところが、山田監督の素晴らしさです。

栄の食事は日本の家庭料理の原点

私たち栄養士はエネルギー、栄養素の面を重視し、そこから食材を選び、メニューを考えます。結果、「おいしい」という大事な要素が、ついあと回しになってしまうことがあります。

これは、栄養士に限った話ではありません。また、共働きの家庭が増えて食事づくりに時間がかけられない、あるいは子どもの塾、習いごとなどで家族揃って食事を楽しむ余裕が持てないなど、「おいしく食べる」ことが疎かになりすぎているように思われます。

そんな今だからこそ、山田監督の作る食事がよけいに輝いて見えます。

白米のご飯と肉や魚などのおかず、野菜をとり合わせて、決まった時間に1日3食。栄高校相撲部の食事は、まさに日本の家庭料理の原点ともいえるものです。

スポーツの現場に関わる栄養士として、今後も山田監督から学ばせていただきながら、原点に戻って「おいしく食べる」ことの大切さを伝えていきたいと考えています。

ガッツリおかず

栄養と愛情たっぷりの「栄相撲部」レシピ

「肉料理でガッツリ」と思われがちだが、肉よりも野菜の量が多いのが山田監督流の食事メニュー。肥満に悩んでいた部員の体脂肪率が改善し、筋肉量も増加。シンプルだけどおいしい。毎回味つけを工夫した料理が、今日も食卓に並ぶ。

部員の人気No.1 唐揚げ

鶏もも肉に塩、コショウ、にんにくで味つけをし、卵をまぶしてカリッと揚げる。早苗夫人の大人気料理の一つ。

味つけしっかり ウインナーピーマン

ウインナーをしっかりこんがりと焼くのがポイント。反対にピーマンは食感を残すためサッと炒める。味つけは塩、コショウのみ。

ご飯にかけてもGOOD
クリームシチュー

具材は鶏もも肉、じゃがいも、ニンジン、玉ねぎ、白菜、ブロッコリー。市販のシチューの素を使って牛乳を多めに。しっかり煮込んで味を濃いめにすることで、ご飯によく合うおかずになる。

ピリッとおいしい
なすの甘辛煮

なすに砂糖をまぶして炒め、味噌を多めに、みりん、しょう油、酒で煮込む。ゴマをふりかけて食感をよくする。

じゃがいもゴロゴロ 肉じゃが

まずニンジン、じゃがいも、牛バラ肉に砂糖をまぶして炒める。こんにゃくを入れ、しょう油、酒、みりん、和風だしの素を入れて煮詰める。

卵ふわふわ ブロッコリーエッグ

塩、コショウで味つけしてスクランブルエッグを作る。ブロッコリーはゴマ油で炒め、２つを和えて出来上がり。

ゴマが決め手 鶏の生姜炒め

鶏もも肉に片栗粉をまぶし、塩、コショウで焼く。生姜、しょう油、砂糖、みりん、酒で煮詰める。ゴマをたっぷりかけてアクセントに。

タレがたっぷり ハンバーグ

豚7：牛3の合いびき肉を使用。タレはケチャップ、みりん、しょう油少々を煮詰める。甘みが強ければ塩で調整。生姜を使って和風味にするときも。

ご飯にたっぷりかけて 親子煮

鶏もも肉、ねぎの青い部分、和風だしの素、酒と塩、みりん少々で煮る。卵に片栗粉を入れて混ぜると、ふわふわな仕上がりになる。

団子が大きい

酢豚風肉団子

豚のひき肉、玉ねぎ、卵、にんにく、生姜を混ぜ合わせてこね、団子を作る。ニンジン、玉ねぎ、ピーマンを入れ、多めのケチャップ、みりん、酒で炒める。

しっかり辛め

マーボー豆腐

豚ひき肉、ねぎの青い部分、生姜、にんにくを炒める。絹豆腐、豆板醤多め、オイスターソース、しょう油、酒少々を入れ、煮る。

具材いろいろ

かき揚げ天ぷら

この日の具材は、玉ねぎ、ニンジン、ごぼう、キャベツ、ねぎ、桜エビ。薄力粉に和風だしの素を混ぜると味がしっかりする。

野菜も一品に

さっぱり箸休めに

大根の葉とニンジンの浅漬け

大根の葉とニンジンを塩漬けにし、水を絞ったあと一晩おいたもの。ゴマを少々ふりかけて、香りもよい一品。

食感で食欲増

レンコンきんぴら

レンコンとニンジンを、みりん、薄口しょう油少々、酒、ゴマ油でさっと炒める。レンコンのシャキシャキ感を残すのがポイント。

ゴマの風味香る

モロッコいんげんのゴマ和え

モロッコいんげんをゆがいて砂糖をまぶす。すりゴマを多めに、塩、コショウで味つけする。

鉄分をしっかり摂取

ほうれん草の浅漬け

ほうれん草、ニンジンの水分をキッチンペーパでとって、塩に漬けて一晩おく。ゴマ油で和えればナムルにもなる。

ふりかけ感覚で

おからニンジン

おから、ニンジン、油揚げ、こんにゃく、砂糖、しょう油、酒、和風だしの素を水分がなくなるまで煎れば出来上がり。

たっぷりサラダ

ドレッシングが決め手 赤大根サラダ

ポン酢、ゴマ油、塩、コショウで作った特性ドレッシング。黒ゴマ、白ゴマをふりかけるのがポイント。

たんぱく質も補給 中華風豆腐サラダ

ドレッシングに使うポン酢は、監督にゆかりのある鳥取県から取り寄せた「ヒシクラの生ポン酢」を使用。甘すぎずにちょうどよい酸味を演出。

マヨネーズたっぷり ポテトサラダ

常備しているサラダの一つ。食べる前に塩もみしたキュウリを入れて、マヨネーズをたっぷり、ソースを隠し味に。

しっかりご飯もの

継ぎ足しルーだからうまい ビーフ&インドカレー

ルーはいずれも市販のカレーの素を使用しているが、何度も継ぎ足しているためコクのあるオリジナルの味わいに。肉は牛肉が基本。インドカレー（右）はスパイシーな仕上げ。

大会前のごちそう 炊き込みご飯

具材は鶏肉、ごぼう、ニンジン、ちくわ、油揚げ、干しシイタケ。細かく切る下準備だけでも3時間ほど要する。大事な大会や卒業式の前に、早苗夫人がつくる相撲部伝統の特別料理。

ケチャップ味強めに 具の大きなナポリタン

ケチャップを多めにかけて、ソース少々、塩、コショウで味を調える。ウインナーは大きめにカットして、部員も大満足。

定番ちゃんこ

味噌キムチちゃんこ

キムチ、キャベツ、にら、大根、ニンジン、しめじの具だくさん。キムチ、豆板醤を多めにして辛めの味噌味に仕上げている。寒い日の定番。

牛のしょう油ちゃんこ

具は牛肉、大根、ニンジン、ねぎ、豆腐。しょう油、みりん、塩少々、酒、だし汁をベースとしたさっぱり味。

きくらげの豚味噌ちゃんこ

具は豚肉、生きくらげ、大根、ニンジン、キャベツ、ほうれん草。よく煮て味噌の味を濃くするのが、ちゃんこ料理の基本。ご飯が進む。

お昼の弁当

定番・塩鯖弁

塩鯖、スクランブルエッグ、ピーマンの甘辛、チキンカツ(夕飯の残りを焼いたもの)、焼売、ウインナーの定番おかずが入ったお弁当。

牛カルビのスタミナ弁

牛カルビ、鶏の唐揚げ、小松菜とニンジンのゴマ和え、きんぴら、焼売、ウインナー入りのお弁当。定番のおかずを入れつつ、毎日飽きのこないように工夫。

Special Interview

大関・貴景勝関
栄の強さは、「食」で結ばれた絆の強さ

料理はセンスと愛情。山田先生のご飯がとびきりおいしいのは、その2つがたっぷり含まれているからです。一人暮らしで自炊を始めたとき、それが改めてわかりました。

栄高校時代、僕らが朝6時ごろちゃんこ場に行くと、20数人分のお弁当がほぼできあがって並んでいる。山田先生が毎日5時に起きて、生徒の朝食とお弁当を準備してくれるんです。それがすごくおいしくて、同じものが続いても味つけを変えてくれるので飽きません。

強い運動部というと、学園ドラマのようにチームワークがよく、「出場できないお前のために勝つ！」みたいなイメージがあるかもしれませんが、僕らは特別仲良しグループではありませんでした。でも、一つだけ共通の思いがあっ

貴景勝 光信
（たかけいしょう みつのぶ）
1996年生まれ。本名は佐藤貴信。身長175cm、体重170kg。兵庫県芦屋市出身。2015年に埼玉栄高校を卒業後、貴乃花部屋に入門。現在は千賀ノ浦部屋所属。得意手は突き、押し。

たんです。

「団体戦で勝って、山田先生と奥さんの早苗さんを胴上げしよう！」

先生が料理をする姿にみんな愛情を感じているので、この思いは全員一緒。栄高校の強さは、食で結ばれた絆の強さでもあるんです。

大事な試合の前には早苗さんが何時間もかけて炊き込みご飯をつくってくれるんですが、これもまためっちゃうまくて気合が入ります。

山田先生の食事は、栄養バランスも抜群です。僕は入学当時肝臓の数値が悪かったんですが、1年間で正常値に戻りました。余分な脂肪が落ちて、スピードが出るようになった。

1年間で変わったのは身体だけじゃありません。中学横綱をとって「天狗」で入学した僕は、年中叱られて、高い鼻をボキッと折られた。地元でちやほやされて、調子に乗り過ぎていたんです。

先輩も厳しくて、食事のたびに食べ方や言葉づかいを注意された。でも、あの時期に注意されなかったら、僕はぜったい勘違いしたまま大人になっていたので、先輩にも感謝しています。

僕のように調子に乗り過ぎていると、先生の雷が落ちます。でも、そのあとに早苗さんがフォローしてくれる。その場にいなくても、この子は叱られたんだな、とわかるらしい。

山田夫妻のバランスは絶妙。人生をかけて生徒を育てているので、叱り方にもフォローの言葉にも愛情があるんです。

食事は栄養だけでなく愛情が必要

今の僕があるのは山田先生のおかげです。「先生」とは呼んでいますが、もう一人の「親父」と思っています。

卒業してわかったのは、「厳しいことを言ってくれる人こそ大事」ということ。昨年、ひざを怪我して大関から落ちたとき、それまで「大関！」ともち上げてくれた人はサ～っといなくなりました。

山田先生のやさしさが身に染みたのはそのときです。毎日電話で様子を聞いてくれ、2か月間も栄高校の寮で治療に専念させてくれた。「男は泣くな。裏でも泣くな」と山田先生に言われてきましたが、あのときは何度も泣きそうになりました。卒業して何年もたつのに、まだ僕のことをこんなに心配してくれるんだ、と思って。

寮での治療中、先生のおいしいご飯を毎日食べて、身体の張りが戻りました。やっぱり食事には、栄養だけじゃなく愛情も必要なんです。

今は会食の機会も多く、甘いものが好きな僕にとって誘惑の多い食環境ですが、栄養バランスには気をつけています。これができるようになったのも、栄高校の3年間があったから。あの3年間は、僕にとっていちばん大切な時間です。

栄相撲部の部訓に「感謝」と「思いやり」がありますが、高校時代それが心に染み込みました。だから、大関に昇進したとき、この2つの言葉はぜったい口上に入れよう、と決めていました。

まだまだ先の話ですが、将来相撲部屋をもつことになったら、すべて山田先生のまねをしたい。おいしいものと愛情で弟子を育てたい。これもう、心に決めています。

わが子の心と体を強くする、
人生に「勝つ」食事力

3章

食事で「経済力」を育む

お弁当パックで「お金」を学ぶ

栄相撲部のお弁当は、コンビニのお弁当などによく使われる、使い捨てのプラスチック・パックです。以前は継続して使えるお弁当容器を使用していましたが、5年ほど前に容器は使い捨てパックに替えました。

理由は、生徒が細菌やウイルスによる食中毒を起こさないようにするためです。一度部員がおなかをこわしたことがあります。幸い食中毒ではありませんでしたが、それを機に衛生面を強化することにしたのです。お弁当に詰めるおかずの管理はもちろん、お弁当箱も使い捨てパックに替えて注意するようになりました。それまでは使い終わったお弁当箱を生徒たちが洗っていましたが、万が一洗い残しがあると菌が繁殖し、食中毒のもとになることもあると考えたからです。

使い捨てのお弁当パックは1個約5円と高価なものではありませんが、これを毎日約20個、学校がある日は必ず使うのですから、１年でトータルすると１０００円ぐらい。くり返し使えるお弁当箱を使用していたころに比べ、経済面から考えるとやはり不経済になりますが、生徒の安全策と思えば惜しくはありません。

しかも、このことは生徒たちに「経済」を教えるかっこうの教材にもなります。栄相撲部ではなぜお弁当に使い捨てパックを使っているのか、使い捨てパックがくり返し使えるお弁当箱に比べてどのくらい余計に費用がかかるのか、新入生がくると必ず話しています。

お弁当箱を使い捨てパックに切り替えたのとほぼ同時期に、ちゃんこ場で使う布巾も布製のものから使い捨てのペーパータオルに替えました。毎日大量の食器を拭くときもペーパータオルを使うので、これも布製のタオルを使っていたころよりかなり支出が増えるのですが、やはり生徒の安全面を優先したのです。

生徒たちには金額も目的もきちんと伝えて、自分たちが日ごろ何げなく使っているもの、簡単に捨てているものの「価値」に目を向けてもらいたいと思うからです。

近ごろは格差社会で貧しい家庭も増えているといわれています。しかし、家庭の事情にかかわらず、昔よりものを大事にしない子どもが増えているような気がしてなりません。

栄高校に赴任した当時、僕は社会科の教師を務めながら相撲部の生徒を指導していました。今は事務部門に籍を置きながら、ほぼ相撲の指導に専念できる環境ですが、相撲だけ教えればいいとは思っていません。

それが食事を自ら作ることや、食事でのマナーを伝えることにつながっているのですが、できれば高校生のうちに経済観念も少しは身につけてほしいと思っています。栄の相撲部に所属している生徒たちは、寮での集団生活が基本で、個人で買いものにでかけたり、ネットで買いものをする機会もほぼありません。そのため、日常の場面、場面で、ごく身近なお金の話を生徒にするようにしています。

うどん屋と銭湯で知る、感謝の気持ち

ごくたまに、生徒たちを連れて外食します。といっても、行くのは寮の近場にある町のうどん屋さん。みんなで食べるのは大盛りのかけうどんプラス天ぷらで、料金は１人当たり約１２００円。寮で暮らすあいだ、外食の機会がほとんどない生徒たちは、うどん屋での食事をとても楽しんでくれているようです。

この「うどん屋ツアー」は、僕の息抜きでもあるので、代金はすべて僕もち。生徒の親御さんからいただいている食費からは１銭も使いません。このこともタイミングを見て生徒に伝えます。

「みんなのうどん代は、僕の給料からやりくりして出している。１人当たり１２００円だけど、それを23人で食べるから代金は３万円近く。本当はその３万円で新しいネクタイを買いたい、それとも財布を買おうか、それより自分の娘に何か買ってあげたい、という気持ちも浮かぶ。でも、お前たちも自分の子どもだと思っているし、たまには試合以外でみんなと外に出てみたい。今日のように、こうやって一緒にうどんを食べたら、すごくうれしい。同じようにお前たちの親も、いろいろやりくりして、いろんなものを食べさせてくれたり、買ったりしてくれているんだぞ」

こうして改めて文字にすると気恥ずかしいですが、言葉にしないと伝わらない気持ちがあると思うので、なるべく言葉で思いを伝えるようにしています。自宅で暮らしていると、ふだん親がしてくれていることは「当たり前」と感じるようになりがちです。

また、生徒とときどき行く外出先に、スーパー銭湯も含まれています。交代交代に入る合宿所の風呂に比べれば、銭湯は格段に開放的。さすがに23人全員で同じ湯船につかることは不可能ですが、かなりのリラックス効果が望めると思います。風呂上がりは昔も今も定番の牛乳タイム。銭湯代は１人８５０円で、そのあとの飲みもの代などを含めると、１人１０００円近くかかります。

これも僕の給料から出しているので、何かの折に生徒に説明します。

「銭湯に行けば１人１０００円ほどかかるから、23人で入れば2万３０００円。２万３０００円あれば新しいネクタイも買えるかもしれないし……でも、お前たちと一緒に風呂に入りたいんだ」

と、芸のない僕はだいたい同じ話ばかりしていますが、僕の表情を見ていてくれれば、うどん屋でも銭湯でも、僕がとてもうれしそうにしているのをわかってくれるはずです。そして吸収力のある生徒は、１０００円で何ができるか、それがふつうのことか贅沢なことなのか、などさらに自分で考えていくことでしょう。

僕はしゃべりがうまいわけでもないし、気の利いた言葉を使えるわけでもありません。なので、なかには僕の話を聞いて「またお金の話か」とか、「１０００円程度で恩着せがましい」ととらえる生徒がいるかもしれません。でも、僕が知る限り、栄相撲部員は僕の気持ちを理解し、「ありがたい」と感じてくれる生徒ばかりです。そして、その感謝の気持ちが強い生徒は稽古に熱が入り、必ず相撲も強くなっていくのです。

寮費の使い道も生徒に伝える

栄相撲部の生徒はほぼ例外なく相撲部の寮で暮らします。これまで実家が極めて近い生徒が家から通っていたことはありますが、その生徒も食事は寮で一緒にとっていました。

寮で生活する生徒には毎月寮費を支払ってもらうシステムで、そこから建物の家賃、水道光熱費、食材費、そしてトレーニング代などをまかなっています。

九州の宇佐、東北の弘前、十和田、北陸・金沢の大会などにも毎年出場しますので、飛行機や新幹線を使っての遠征費もかかります。ときには僕ら夫婦の持ち出しになることもありますが、栄高校に就職して以来、30年以上も大好きな相撲の指導に携われているのですから、何も文句はありません。

またありがたいことに、3月の高知での新人戦と夏のインターハイは栄高校から、国体は埼玉県から遠征費用がでます。おかげさまでインターハイの優勝は歴代1位の10回を数え、すべての大会を合わせた優勝数も55回と、全国1位になりました（２０１９年現在）。

大会の話からつい優勝回数の話をしてしまいましたが、寮費の使い道に話を戻します。寮で暮らす生徒たちには、自分の親が支払ってくれている寮費がどういうことに使われるのか、あらましを説明しています。息子が好きな相撲を思う存分稽古できるよう、親たちが家計のなかから寮費を支払ってくれていることを認識してもらいたいからです。

　前にも書いたように、お金の使い方も金銭感覚も家庭によってそれぞれ異なりますが、栄相撲部の寮ではごく常識的なことを覚えてくれればいいと思っています。たとえばさきほどのうどん屋では、「外食をしたら１０００円で何が食べられるのか」ということを知ってくれればいい。そうすれば、寮に入るまで毎日の食事を用意してくれた親たちのありがたさもわかると思うのです。

　ところで、その親御さんたちからは、これまで食事についてのクレームが1回だけありました。こんな内容でした。

「あまり贅沢にたくさんの食事を出すのはやめてください。この前子どもが帰ってきたとき、寮のご飯は品数が多すぎて食べられないと言っていました」

　しかし反対に、もっと贅沢な食事を出してほしい、と望む親御さんもいるかもしれません。家庭における食事メニューや「食」にかんする考えはさまざまでしょうが、栄養バランスを重視した栄相撲部の食事メニューは、これからもあまり変わらないと思います。

　栄高校相撲部で用意する食材は、決して高級品ではありません。僕と女房は新鮮ながら安価なものを求めて、いろいろなところへ買いものに行っています。ちゃんこ番の生徒たちにもつき合ってもらい、そこでも食材の選び方や金銭感覚を学んでほしいと思っているのです。

　そんなわけで、「贅沢すぎる」という声にも、「もっと贅沢なものを」という声にも、残念ながら応えることはできませんが、親御さんへの説明はていねいにするように心がけています。

親の勘違いが子どもをだめにする

今の親御さんたちは、子どもの教育に熱心です。受験に力を入れる親御さんもいれば、スポーツの英才教育を徹底する親御さんもいます。この15年来、栄相撲部に子どもを送り出す親御さんも、熱心な方が増えたように思います。

相撲は身体を大きくすることが課題の一つですから、寮生活をしている息子がどんなものを食べているのか、皆さん気にしているはずです。そこでときおり、夕食の光景やお弁当を写真に撮って、親御さんにお見せするようにしています。

日ごろ生徒の親御さんとじっくり話す機会はありませんが、息子の晴れ姿を見るために大会に足を運ばれる親御さんとはときおり話をします。その大会でお子さんが活躍してくれればいいのですが、結果が出せないことだってあります。そんなとき、「中学までは負け知らずだった子どもが勝てなくなったのはなぜだろう。山田監督の指導が悪いのではないか」と内心考える親御さんもいらっしゃるかもしれません。

でも、僕はつねに誠心誠意、生徒たちと向き合っているつもりです。いや、「生活のほぼすべて、生徒の指導に情熱を傾けている」と言いきる自信があります。３６５日のうち、生徒のことを一度も考えない日はほんの1日か2日だけです。

しかし、そのせいでないがしろにしてしまったものもあります。自分の娘の育児、子育てです。僕ら夫婦は20代の前半から人様の子どもを預かる生活を始めたので、自分たちに子どもが生まれても育児に専念できませんでした。娘がかわいくないはずはありません。しかし、預かった生徒に何かあったらいけない、という思いにとらわれ、娘の世話は二の次になっていたのです。

ハッと気づいたのは栄高校が2回目の団体優勝を果たした１９９７年でした。生徒や父兄の輪の中で僕も女房も胴上げされていたとき、８歳だった娘はポテトチップスの袋を胸に抱え、輪の外側で黙って食べ続けている。それを見た女房と僕は胸が痛くなりました。

娘のことでは、それ以前にも失敗がありました。娘の幼稚園時代、遠足や行事のたびに僕は俄然はりきって、だれよりも豪華できれいなお弁当を持たせたら喜ぶだろう、と考えたのです。５つぐらいのお弁当箱を重ね、いちばん上はサラダ、つぎはステーキ、つぎはフルーツ……と、小さなリュックからはみでるほどたくさん持たせていました。

あとで知った話ですが、娘はそれが恥ずかしくて、いつもリュックからひとつだけお弁当箱を取り出して食べていたそうです。今にして思えば勘違いも甚だしい。親のエゴだけで娘が喜ぶと決めつけた、本当にばかな親でした。でも、うれしいのは娘が今こう言ってくれることです。

「私もお父さん、お母さんのように人を育てる仕事がしてみたい」

親の勘違いは困りものですが、愛情から生まれた勘違いなら、子どもは少なくても「愛」を受け継いでくれるようです。あっ！　最後も自分の「親ばか自慢」になってすみません。

米袋が教える、相手を思う気持ち

相撲部のちゃんこ場には、30kgの米袋がつねに山積みされています。生徒たちは毎日10kg以上のお米を胃袋に入れるので、米袋の山もあっという間に減ってしまいますが、山が平らになることはありません。

今、栄相撲部員が食べているお米はほとんど、先輩たちからのプレゼントなのです。大相撲の世界は序の口、序二段、三段目、幕下と出世していきますが、ここまでは力士のなかでも養成員という立場で、場所ごとの手当てと報奨金だけが支給されます。

幕下の上は十両で、「関取」と呼ばれるのは十両からです。待遇面でも幕下以下と十両では雲泥の差。十両になると所属する部屋のなかで個室が与えられ、付け人もつきます。羽織、袴、絹の締め込み（まわし）の着用が許され、化粧まわしをつけて土俵入りもします。

何より、幕下以下との最大の違いは給料がでるようになること。ほとんど無給に近かった幕下時代から十両になると、いきなり月給１００万円以上の待遇になります。

大相撲の世界に入った栄相撲部の卒業生は、十両に昇進すると古巣に米を送って後輩を励ます習わしがあります。はじめにこれを実行してくれたのは豪栄道で、それ以来栄高校出身力士たちのあいだで伝達されるらしく、今では慣例となっているのです。

一度に送ってくれる量は平均５００kg。近年1人の日本人が1年間に食べる米の量は50kg前後といわれていますから、５００kgといえば個人で10年間食べられる量です。しかし、米パワーで成長する栄の相撲部員は、20数人で1か月４５０kgほどの米を食べてしまいます。

それでもちゃんこ場から米袋がなくならないのは、先輩たちが活躍してくれているおかげです。とくに豪栄道と妙義龍は年に何度も５００kgの米を送ってくれています。そして、ここ数年、新たに十両入りを果たした栄出身の力士が、後輩たちを米で励ましてくれます。

もちろん生徒たちも、自分が食べている米が先輩からの贈りものだと知れば、うれしいに決まっています。そのうれしさが食欲に結びつき、身体の機能によい影響を及ぼし、栄養価が増す。生徒たちを見ていると、こんな好循環が生まれているのがわかるのです。

米の消費量でいえば、1人の日本人が年間で食べる量は昭和20年代後半の半分になっていると聞きました。食の面でも多様化が進み、パンやパスタをたくさん食べるようになったり、おかずの種類や量が増えたことで主食の米の消費量が減っているのだと思います。

また、米は近年のダイエットブームで嫌われものになったこともあって、若い子たちの米離れが進んでいるのかもしれません。しかし、僕は「スポーツをする子どもには米食こそ大事」と信じています。それは何の根拠もなく単なる勘でしたが、管理栄養士の橋本さんに栄相撲部の食事を分析してもらい、「最高のバランス」と言われてからは、自信をもって米食のよさを語りたいと思っています。

相撲部の生徒たちは大きめの飯茶碗にご飯をよそい、4杯も5杯もおかわりします。炭水化物ダイエットをしている人から見れば悪夢のような光景に映るかもしれませんが、これだけ食べても生徒たちは健康な身体を作っているのです。

さらに、僕は子どものころ両親に言われたことをそのまま生徒たちに伝えています。

「茶碗によそったご飯は1粒も残すな！　1粒の米を作るのに種の収穫から苗床づくり、田植え、稲刈りまでまる1年かかるんだぞ。よそうときも大事にふんわりとよそえ。山盛りにするなら、きれいな山形にしろよ」

いまどき食卓でこんなことを子どもに教える家庭は少ないかもしれません。でも、僕にはとても大事なことだと思えるのです。

米のほかにも、栄相撲部のちゃんこ場には差し入れがけっこう届きます。栄出身の関取たちが、折に触れ肉や魚などの食材を届けてくれる。貴景勝も大関に昇進したとき、大量の米と神戸牛を送ってくれました。本当にありがたいことだと思っています。

ありがたいといえば、僕の実家からもよく食材が届きます。実家が海産物の問屋を営んでいたことは前にお話ししましたが、その後、両親は前職を生かして蟹料理屋を開きました。

父親はすでに他界しましたが、母親はまだばりばりの現役。78歳を過ぎた今も、早朝から河岸へ行って蟹などの食材を仕入れ、店へ直行して準備、調理もこなし、夜の10時過ぎまで立ちっぱなしで働いています。その合間をぬって栄相撲部のちゃんこ場に届ける魚、ときには肉も厳選して、調達してくれるのです。

実家から食材が届いたときには、「朝から夜まで働いている70代のおばあちゃんが、お前たちのために目利きして仕入れた魚だぞ」などと説明します。自分の母親を褒めるのは照れ臭いのですが、わが母親ながら頭が下がります。

自分たちが毎日口に入れる食材がどこからやってきたのか、だれが送ってくれたのか。それを知らずに食べるのと、知って食べるのとでは、ありがたみが違ってくることでしょう。

僕にしても、ここまでやってこられたのは大勢の人の支えがあったからだとつくづく感じています。ときどき相撲雑誌のインタビューなどで僕が一人で料理を作っていることをとりあげてくれることがありますが、本音を言うと「そうじゃないんだ。これができるのは周囲の人のおかげなんだ」と言いたい気持ちでいます。

生徒たちに受け継いでもらいたいのは、その周囲の人たちの行動です。自分が世話になった人や家族に対して、何かできる立場になったらどんどん恩返ししてもらいたい。そのとき大切なのは、相手が何を求めているか、何を渡したらいちばん喜んでもらえるかを考えること。まだ社会経験のない高校生には、こんな言葉でそれを伝えています。

「帰省中に母校の中学へ行く機会もあるだろう。そのときは親に出してもらうんじゃなく、自分の小遣いでお土産を持って行け。何をもらったらいちばん喜ぶか、後輩たちの気持ちになってよ～く考えろ。ぜったいに正解が出せるはずだぞ」

すぐにできなくてもいい。このことを大学生になったとき、社会人になったときに思い出してもらえばいい、と思いながら伝えています。

贅沢な食事はツキが逃げる

わが山田家の食卓は、ちゃんこ場の真上にあります。ここで食事をするのは、もちろん朝も夜も生徒たちよりあと。生徒の食事を作り、盛りつけて生徒たちが食べるのを少しのあいだ見守ってから2階へ上がります。

新入生が入寮してからしばらくは、全員が食べ終わり、ちゃんこ当番が食器洗いと片づけをすませるまでそばにいて指導しますが、僕が口出ししなくてもすむようになってからは、途中で消えることにしています。

僕が栄相撲部の生徒だったら……と想像してみると、監督が自分のことをいつも見ていてくれるのはありがたいにしても、食事のときまでジッと見ていてほしくありません。道場で厳しく指導するうえにちゃんこ場でもつねに監視されている、と生徒が思ったら、いくら栄養のあるものを食べても、消化・吸収が悪くなるような気がします。

ですから、マナーについての注意も短い言葉でとどめ、食事の時間はリラックスして栄養補給してもらいたいのです。

さて、山田家の食卓は生徒の食卓よりぐっと質素です。僕も女房も50歳を過ぎているので、食べ過ぎは禁物。20代後半になった娘は食欲旺盛で気持ちのいいほどたくさん食べますが、働いているので食事をともにする機会が少なくなりました。

自分たちの食事で心がけているのは、生徒の食事より豪華にならないこと。こう言うと「いい人」ぶっているようですが、そうではなく、自分たちが贅沢をすると栄相撲部全体の運が落ちるような気がするのです。

生徒に申し訳ない、という気持ちもありますが、一種の「ゲン担ぎ」と言えばわかってもらえるでしょうか。自分たちが満ち足りた思いをしてしまうと、生徒たちの運が落ちてしまう、という気がしてならないのです。

ずっと以前からそう思っていたら、あるとき自分と同じことを言っている人を発見しました。コント55号の欽ちゃんこと萩本欽一さんです。『ダメなときほど運はたまる』（廣済堂出版）というタイトルの萩本さんの本をたまたま本屋で見つけ、読んでみたら共感することがたくさんありました。だれの人生も最後にトータルすると「いいこと」と「悪いこと」が半々なので、得をしようと思って行動すると、のちに必ず悪いことが起きる。家族のなかで自分だけ贅沢をすると他の人に運が回らない。ついていないときは運を貯金している時期、などなど、僕がそれまで漠然と考えていたことが文章になっていました。

いまやこの本は僕の座右の書。豪栄道や貴景勝が苦境に陥ったときには、「ここを読んでほしい」と付箋をつけて贈ったりもしました。当然、自分自身も栄相撲部の運を上昇させるために、つましく生活していこうと心に誓っているのです。

蟹料理人の弟とやり繰り上手な女房

わが家の食事も、大半は僕が作ります。相撲を教えること以外、たいして趣味もない僕にとって、料理は貴重な趣味の一つです。僕には弟が一人いますが、彼はプロの料理人。さきほどお話しした蟹料理店を、母親と一緒に切り盛りしています。

じつは僕と弟は一卵性双生児。当然ながら顔もそっくりで、弟も学生時代相撲をとっていました。というより、僕が相撲を始めたのは弟の影響なので、弟にはとても感謝しています。そのいきさつについて、少し話をさせてください。

幼いころ、弟は心臓の疾患で入退院をくり返していました。僕は両親が共働きだったために小さいころから自分で台所に立っていましたが、それとは別に、両親は弟の世話にかかりきりになっていた、という面もあったのです。

弟の主治医からは「運動禁止」の通達がありましたが、弟は相撲が好きで、中学に進むころ「相撲をやる！」と断言したのです。僕らの母は強者《つわもの》で、弟の意思を尊重しました。万が一それで命を縮めることになっても、息子がやりたい相撲をやらせてあげたい。そう考える女性でした。

小学校時代、剣道に熱中していた僕は、そんなわけで中学から弟につき合う気持ちで相撲を始めたのです。その後、弟とは進路が分かれ、僕が日大の相撲部でなかなかレギュラーになれず苦悶しているころ、弟は専修大学相撲部のレギュラー選手として活躍していました。

大学を卒業して両親の仕事を継いでからも、弟は地元の子どもたちを対象に相撲道場を開設し、関西のテレビ局で『鬼監督と豆力士』という番組で紹介されるほど相撲の指導にも力を入れていました。妙義龍をスカウトできたのは、「この子はぜったいに伸びる！」という、弟の熱烈な推薦があったからでした。現在は「蟹料理職人」として料理の専門書にも紹介されている弟ですが、「相撲と料理が大好き」というのは、双子の僕たちの共通点であるようです。

ちなみに弟はたまに両国国技館で大相撲を観戦していますが、それを見た知人から「山田監督、昨日は国技館で相撲観戦していましたね」と言われます。逆に僕が関西に行くと、かなりの確率で弟と間違われます。双子はこういう点でやっかいですが、僕を相撲の世界に導いてくれたという意味では、最高の弟をもったと思っています。

このあたりで、埼玉栄高校相撲部の寮で暮らす山田家に話を戻しましょう。毎年20数人の生徒を預かっている私たちは、プライベートな時間があまりとれません。

「山田監督は1年にどれくらい休日をとるのですか？」とか、「休みの日はどのように過ごすのですか？」と聞かれると、返事に困ってしまいます。夏休みも春休みも、寮に残っている生徒がまったくいないという日はあまりないからです。そのため、僕ら夫婦のプライベートな時間はごく限られます。学校が休みの日、たまには二人だけでランチを外で楽しみたい、と思って出かけると、その日に限ってキャプテンから「〇〇が熱を出して部屋で寝ています」などと連絡が入るのです。食事もそこそこに急いで戻ると、「監督、もう大丈夫です！」なんていうことが多い。そこでまた僕は、自分だけ贅沢をするとこういうことになるんだな、と気を引き締めます。

近年の「働き方改革」もあって、先日栄高校から「あと3か月のうちに5日間休みをとってほしい」と言われました。そこで「休日」を設定して申請しましたが、休日に何をしたかというと、寮でご飯を作り、相撲道場をのぞきに行っていました。いつもと同じ生活です。

鰯や鯖などの回遊魚は「動きを止めると息も止まる」といわれていますが、僕もその類いかもしれません。しかし、これでは生徒も息苦しいし、女房の早苗にも負担がかかります。そこで6年ほど前から、年末に2泊3日で旅行に行くことにしました。目的地はいつも京都。寺院巡りが好きな早苗への家族サービスのつもりでしたが、僕自身も息抜きできることを実感しました。

京都旅行は毎年12月28日〜30日と決めていますが、生徒たちは全員27日に寮を出て里帰りしています。つまり、生徒から「○○君の具合が悪くなった」という電話がかかってくることもない。キャプテンから連絡事項がくることもないのです。

僕は寺院巡りにそんなに興味がないので京都旅行のあいだは一人で喫茶店などを巡っていますが、楽しいのは初日だけで、2日目の日が暮れるころには、生徒の顔が見たくなっています。早苗にも「もう生徒が恋しくて寮に帰りたいんでしょう」と言われてしまうほどです。

たしかにその思いはありますが、年末の京都旅行は僕にとって唯一の女房孝行の機会。生徒にお金の話をしながら、じつはお金の計算に滅法弱い僕を全面的にサポートしてくれる、やり繰り上手な女房に恵まれて、今の栄相撲部はあるのです。

わが子の心と体を強くする、
人生に「勝つ」食事力

4章

食事で「社会生活」を学ぶ

「感謝」と「思いやり」の心を育てる

「感謝の気持ちと思いやりを忘れず、相撲道に精進してまいります」

２０１９年の３月27日、貴景勝が大関昇進伝達式で述べた言葉のなかに、こんな一節がありました。「感謝の気持ち」と「思いやり」は、栄高校相撲部の部訓です。大関昇進伝達式の口上といえば、力士にとって引退後も末永く語られる重要な文言で、しかも全国ニュースでも流れます。その口上で、まさか栄高校相撲部にゆかりのある言葉が聞けるとは思ってもいなかったので、テレビで伝達式のニュースを見たときは本当に驚きました。と同時に、喜びと安堵感がわきあがってきました。これまで栄高校相撲部で教えてきたことは、決して間違ってはいなかった。貴景勝がそう保証してくれたような気がしたからです。

当たり前ですが、栄相撲部では部員一人一人の「相撲が強くなる」ことを目指しています。しかし、単に相撲が強いだけの人間にはなってほしくない。人の気持ちを受けとめ、相手の立場を考える人間に育ってほしいのです。

それを僕は、「感謝の気持ち」、「思いやり」、という言葉で栄高校相撲部の部訓にしました。これらに加えて部訓にはもう一つ、土俵の上で相撲をとるときに欠かせない「気合」もプラスして、道場の黒板に書いてあります。

「感謝の気持ちと思いやりを大事にしろ」と言葉で言うのは簡単ですが、生徒たちはたかだか16～17年しか生きていません。しかも大半が小中学生時代から相撲に明け暮れていたのですから、「感謝」や「思いやり」を感じる場面にそう多く出会っていないかもしれません。

しかし、ほんの少しのきっかけで、人は感謝の気持ちが芽生え、そのことで人生の方向が変わることもあります。

僕自身、そんな体験をしました。中学時代に始めた相撲が楽しくなり、高校は強い相撲部がある私立の学校へ、と決めていたのですが、別の高校の相撲部監督が何度も僕に会いにきて、「うちに来ないか」と熱心に声をかけてくれたのです。その熱意にほだされ、一度だけその高校の相撲部を見学に行くと、高校生が使う真っ白で立派なまわしをプレゼントしてくれました。中学でペラペラのまわしをつけていた僕は、この憧れていたまわしをもらったことと、先生の熱心な勧誘がうれしくて、進路先を変えたようなものです。

今の子どもたちは昔の僕ほど単純ではないでしょうが、自分がかけた一言に心を動かしてくれる生徒がいるかもしれない、ということはつねに念頭においています。

相手を思いやる気持ちにしても、ほんの小さなきっかけで芽生えることがあります。栄高校相撲部に入った子どもたちには、在学中にそんな体験をしてもらいたい。生徒がだれかを思いやる場面に出くわすと僕自身もうれしくなります。次はそんなエピソードをお話しします。初めて僕たちの寮に外国人留学生を迎えた年の話です。

集団生活の場に舞い降りた「福の神」

僕には特別な信仰心などありませんが、「福の神」はいるような気がしています。実際、寮にその生徒が入ったことで、「生徒全体の相撲レベルが上がった」「全体の空気が明るくなった」「チームとしてのまとまりがよくなった」ということが何度かあったからです。

その一人がモンゴル人の留学生ガルダン・スフバト君でした。彼と出会ったのはたまたま何かの用事で貴乃花部屋へ出向いたとき。部屋の力士たちに交じって、小柄な少年が稽古をしていました。それが叔父の貴ノ岩関を訪ねてモンゴルから遊びにきていた〝スーギ〟ことスフバト少年でした。中学まではバスケットに熱中していたそうですが、間近で見た相撲に魅力を感じ、貴乃花部屋に寝泊まりして相撲を学んでいたのです。

「きれいな目をした子だな」というのが第一印象でした。事情を聞いてみると、その年の9月にモンゴルの中学校を卒業し、日本での留学先を探しているというので、栄の相撲部に誘ったのです。初めて迎える留学生、僕たち夫婦も寮の先輩たちもわくわくした気持ちで待っていましたが、問題はコミュニケーション。ほとんど準備もしないまま日本に留学したので、彼が話せる言葉はモンゴル語だけです。

女房の早苗は、あわててモンゴル語を教える語学学校を探し、習いに行きました。相撲を教えるのに言葉はたいして必要ありませんが、寮での生活はまた別です。早苗は少しでも故郷を離れた外国人少年の話し相手になりたいと思ったようです。

しかし、早苗いわく「私が片言のモンゴル語を覚えるあいだに、スーギはあっという間に日本語がペラペラになった」ので、言葉の問題はすぐに解決しました。じつは、その陰には寮の仲間たちの気づかい、やさしさがあったのです。日本語も部員みんなで教えていましたし、スーギを連れて大宮の電話局まで行き、モンゴルの実家に国際電話をかけてあげたりしていたようです。

あるとき僕のもとにスーギの実家から腸詰の缶詰が送られてきたので、「これはスーギが食べていいぞ」と言ったら、寮生たちみんなでその缶詰を開け、一緒に食べていました。いい光景でした。「日本の生活に慣れていない仲間を手助けしなくちゃ」「日本語は自分が教えてあげよう」こんな気持ちが芽生えると、10代の生徒たちは短期間で大人になります。そして気づけば、スーギの存在で寮のメンバーに団結力ができ、「勝てるチーム」になっていたのです。

スーギは卒業後に大相撲の世界へ入り、尾上部屋の北天海として土俵に上がっています。２０１９年は序二段優勝し、今のところ順調に関取への道を邁進しています。豪栄道に声をかけてもらい、境川部屋にも出稽古に行っているようです。卒業しても、年次が異なるため寮生活はともに送っていなくても、栄相撲部員の絆はつながっています。

そういえば豪栄道も、「福の神」の一人でした。彼の加入時も相撲部全体が引き締まり、チーム全体の実力が大きく上がったものです。

「我慢の美学」で人生を貫く

今から20年以上前、大阪に小さな大物がいました。小学校5年で「わんぱく横綱」に輝いた澤井豪太郎少年。小学生にしてすでにバランスのいい、素晴らしい体格をしていました。ところが1年後、6年生のわんぱく相撲では横綱になれず、中学に進学すると、ますます勝てなくなり、中学3年になっても大阪府の大会で負けてしまうほど弱くなってしまったのです。

この時点で、「澤井君をスカウトしよう」と思った高校相撲の関係者はいなかったのではないでしょうか。本人も「もう相撲はやめる」と言っていたらしい。

でも僕は、澤井君が気になってしかたありませんでした。小学5年時の素晴らしい相撲と体格を見ていましたし、「気性のいい子」だと感じていたので声をかけたのです。

「澤井君、埼玉栄高校の相撲部って知ってるか？」

「あっ、知ってます。僕、埼玉栄高校なら行きたいです！」

即決でした。相撲はやめると言っていたはずなのに、あまりにも簡単に「行きたい！」と言うので、僕はこう言いました。

「埼玉栄と聞いて、すぐに返事をしてくれてありがとう。でも、栄高校のブランドが好き、という理由で入っても強くならないよ。僕は山田というんだけど、澤井君の相撲が好きだから、もっと強く育てたいと思ってる。澤井君も、山田先生を好きになって、山田先生に教えてもらえば強くなれる、という気持ちで入ってくれないかな。そういう気持ちで練習すれば、君はぜったい強くなるよ」

「はいっ！」

と澤井君は答えてくれました。実際その通り、僕を信じて3年間ついてきてくれました。言葉で何も言わなくても、その気持ちは通じます。彼の最高に素敵なところは、人を信じる素直な心です。やさしいガキ大将。そんな雰囲気が漂うのです。

当然、澤井君は仲間たちからも好かれ、頼りにされていました。集団でのいたずらがバレたときなど、代表して澤井君を叱っておけば、全員がちゃんと反省する。そんなリーダー的存在でした。このときのチームも強かった。素質のある生徒が揃っていたこともありますが、やはり澤井君が「福の神」の役目をしたのではないかと、今も僕は思っています。

澤井君は栄高校を卒業後に角界入り。豪栄道として大関の地位まで到達し、力士人生をまっとうしました。自分の番付がどんなにあがっても、栄高校の後輩を思いやり、つねに声をかけてくれていたと聞きます。相撲を引退した仲間に運転手のアルバイトを頼んだり、何くれとなく後輩の面倒をみ続けてきたようです。

先ごろ、見事な引き際を見せた豪栄道。師匠の境川親方が語った「やせ我慢の美学をもっていた男だった」という言葉を聞いて、僕も深くうなずいたものです。

相手の立場を思いやるやさしさ

豪太郎、いやのちに豪栄道となった澤井君の話をもう少し続けさせてください。彼のやさしさを120%表すエピソードをぜひ紹介したいのです。

高校3年になって、澤井君には日本大学から声がかかりました。高校を栄に決めたときと同じく、澤井君は即決で日大へ入ると決めたのです。まだ夏休み前の決意でした。ところが、あとでわかったことですが、日大進学は澤井君の本心ではなかったのです。

日大がいやだったわけではありません。大学に進むより、高校からそのまま大相撲の力士になりたい。これが彼の本心でした。

しかし、澤井君は自分の気持ちを押し殺して、日大へ進む覚悟を決めていました。なぜかといえば、僕に気兼ねをしていたのです。一度「行きます」と返事をした日大を蹴ったら、日大出身の僕に迷惑がかかる、と澤井君は思い込んでいたのでした。

僕はといえば、そんな彼の気持ちにまったく気づかないまま、大事な生徒が自分と同じ大学の門をくぐってくれることを、ただ喜んでいたのです。

おかしいぞ、と思ったのは夏のインターハイが終わったころでした。澤井君の体に蕁麻疹《じんましん》ができ始め、それが徐々に広がっていったのです。もしかしたら、これはストレス？　拒否反応？　ということは、進路についての悩みだろうか？

そこで、あるとき聞いてみました。「大相撲の部屋を見学に行ってみるか？」。「ハイ」っと元気な返事が聞けたので、澤井君を連れて境川部屋へ行きました。元両国関の境川親方は、日大時代の先輩。大学時代、僕が付け人をしていた雲の上の先輩ですが、「うちの生徒を見てほしい」という頼みを快諾してくれたのです。

境川部屋で、澤井君が幕下の力士と胸を合わせてみると、澤井君のほうが断然強い。高校横綱をはじめ、高校時代に11タイトルを獲得し、高校3年ながら全日本アマチュア相撲で3位に入賞した実力は、大相撲の世界でもすぐに通用するほどになっていたのです。

境川親方もその実力には驚いたようですが、澤井君の進路についてすでに知っていたようで、「今すぐにでも来てほしいけど、大学を卒業してからだな」と言っていました。

境川部屋からの帰り道、「お前、本当は大学じゃなくプロに行きたいんじゃないか？　人のことは気にしないで正直な気持ちを言ってみろ」と聞くと、「プロに行きたい」と。

生徒の希望する進路を叶えてやるのは、いちばん身近にいる指導者の務めです。日大関係者の皆さんにはご迷惑をかけましたが、お断りの連絡を入れ、改めて澤井君に「行きたい部屋はあるのか？」と聞くと、「境川部屋です」との答え。すぐに境川親方に電話を入れると、「ええ〜っ！うちでいいのかぁ〜！」と驚きながら、すぐに栄相撲部の寮まで飛んで来てくれました。澤井君は、こんないきさつで豪栄道になったのです。

相撲以外の才能を開花させるきっかけを

高校生の進路指導に当たるのは、一般に担任の教師や進路指導の教師だと思います。しかし、埼玉栄高校相撲部に所属する生徒の進路は、相撲部監督を務める僕が担当しています。相撲の指導については高校時代、大学時代にお世話になった方々のやり方を踏襲することができますが、進路指導に関しては迷いの連続です。

前ページでお話しした豪栄道の場合のように、本人の本当の希望に気づけていないのではないか、本人が希望する道が必ずしもベストの選択ではないのではないか……何人も送り出してきた今もそんなことを考えるときがあります。

これまで30年余、相撲の指導者としてただ走り続けてきましたが、栄相撲部で指導した生徒は１２０人を超えました。入寮してすぐ脱走した生徒もいれば、予想以上に成長した生徒もいます。なかにはウソをつくクセが抜けない生徒など、注意が必要な子もいましたが、今となってはみんな懐かしい生徒たちです。

卒業後も印象深く覚えているのは、素質や才能が充分ありながら何らかの事情で花開かず、相撲人生を志半ばで終えた教え子たち。人生は思うように進みません。怪我や病気に見舞われて土俵を降りていく教え子を見るたび、胸が痛みました。でもうれしいことに、別の道を見い出し、成功していく生徒が多いのです。この場を借りて、そんな自慢の生徒たちを紹介したいと思います。相撲経験者が開業する飲食店といえば、だれもが真っ先に思い浮かべるのはちゃんこ屋かもしれません。その次にポピュラーなのは焼き肉屋で、引退後に焼き肉屋のオーナーとなっている有名力士も多数います。

栄相撲部の出身者からも、焼き肉屋のオーナーが一人誕生しています。そういうと、栄相撲部のちゃんこ場をきっかけに料理に興味を持ったと思う方もいるかもしれませんが、当時は料理の素質などまったくありませんでした。その生徒、下原三四郎君は夜食のチャーハンを作るのも苦手で、別の生徒に頼んでいたほどです。

その代わり、相撲の素質は群を抜いていました。中学生のころから目立っていたので、長野まで会いに行って栄に勧誘した生徒です。

何が素晴らしいかというと、身体のバネ。相撲を指導してきた30年余、彼より勝れたバネを持った生徒には一人も出会っていません。また、相撲のスタイルがかっこいい。粘り強く、片足1本で残って、最後は勝ってしまう。その勝ち方が派手で、見ている人の印象に残るのです。

一言でいえば、「華がある」選手でした。こればかりは練習して身につくものではなく、生まれ持った素質としかいいようがありません。

しかし、彼にはたった一つ弱点がありました。肩の脱臼グセです。栄の相撲部に入ってから肩の脱臼が起こり、やがてそれをひんぱんにくり返すようになってしまったのです。高校時代は国体で２位という成績を残しましたが、その後、日本大学に進んでも脱臼グセが治らず、４年になるまでレギュラー選手には選ばれませんでした。

相撲の稽古をしていると肩周りに筋肉がたくさんつくので、脱臼するとその筋肉が脱臼した部分に埋まってしまい、なかなか元に戻せない。おまけに痛さも強烈で、大人の男でも気を失うほどです。最初に脱臼をして以来、下原君は月に２度の治療が欠かせなくなりました。しかも通っていたのは群馬県の上牧《かみもく》。片道１００㎞の距離を運転して、毎回治療に付き添っていたのは僕の女房で、下原君が日大に進んでからも女房はこの役目をやめませんでした。

大学４年になって、下原君はようやくインカレに出場し、キャプテンとして団体優勝に貢献しました。女房が横で大泣きしているのを見て、僕もつい……いや、僕は泣いていません。

下原君は進路を大相撲の世界に定めていましたが、肩の脱臼グセが完治していないことから、結局はプロ入りを断念せざるを得ませんでした。医療が進んだ今なら手術で脱臼グセを治せますが、当時は手立てがなかったのです。

大学卒業後、下原君は埼玉県のスポーツ団体で相撲を続けていましたが、その後は相撲から遠ざかり、居酒屋でのアルバイトを経て、都内で焼き肉屋を開きました。１号店をオープンしてから７年、今や６店舗のオーナーになった下原君。きっと相撲の才能だけでなく、商売の才能も昔から持っていたに違いありません。

栄高校相撲部出身者には、お笑い芸人になった卒業生もいます。マービンJr.の名で活動している佐野マービン・リー・ジュニア君。元海兵隊員だったアメリカ人の父と日本人の母とのあいだに生まれたハーフです。

栄高校相撲部時代には1年先輩の豪栄道からよくかわいがられていました。佐野君もまた相撲では天賦の才を持つ生徒で、卒業後は豪栄道のあとを追うように角界入りし、大翔勇の四股名《しこな》で順調に出世を続けていました。

しかし入門から2年半、幕下18枚目まで上がり十両まであと一息、というところで心臓病が発覚し、引退を余儀なくされたのでした。その後、彼はワタナベコメディスクールに入学し、芸人へと転身したのです。

現在は「まんぷくフーフー」という漫才コンビを組んでいるほか、単独で力士を題材にしたネタを披露することもあります。

２０１９年の11月には、ＡｂｅｍａＴＶのネット大相撲中継番組『ＡｂｅｍａＴＶ　大相撲ＬＩＶＥ』にまわし姿で出演し、花田虎上（元横綱若乃花）さんが行うアクション解説の相手役を務めていました。「相撲芸人」としての地位と知名度を、着々と上げているようです。

「あのまま相撲を続けていたら、三役も夢ではなかったかもしれない」

こう言うのは、豪栄道。佐野君の実力を高く評価していた豪栄道は、佐野君の引退後も車の運転を頼むなど何かとめんどうをみていました。しかし、当の佐野君は、高校卒業後に就きたい職業は、最初から「芸人」だったそうです。

佐野君にとって、栄高校相撲部と大相撲の世界に暮らした数年間は、芸人としてのネタ探しにも役立ったのかもしれません。

腐らずにいれば、人生に大逆転はある

少年時代から相撲の世界に憧れている子どもたちのなかで、大相撲の幕内力士になれるのはほんの一握りです。プロの力士を目指して入部してくる栄相撲部の部員にしても、幕内まで上がれる者は1割程度にすぎません。

何度かお話ししたとおり、栄高校の相撲部員には地元の相撲大会、あるいは全国規模の大会で優秀な成績を収めた子どもが多いので、入寮するときは「俺がいちばん強いはず」「すぐにレギュラーになってやる」という意識を持っています。

もちろん自信はとても大事です。自分をより強く、より大きく見せられるという態度も、勝負の世界では必要な要素です。中学3年時代の貴景勝に身長と足の大きさをたずねたところ、彼は「身長は１８０cm、足の大きさは32cmです！」と答えました。

ん？　それにしては小さい……と思って隣に並んでみると、身長１７５cmの僕と同じくらいではありませんか。足はたしかに32cmの靴を履いていましたが、本当はぶかぶか。サイズの大きい靴を履き、必死に大きく見せようとしていたのでした。それを見て微笑《ほほえ》ましいと感じると同時に、大いに期待したものです。こういう負けん気と背伸びがエネルギーの元なのです。

彼の場合は順調に伸びていきましたが、大半の生徒は入部してすぐに壁にぶち当たります。地元では上級生にも負けなかったのに、栄相撲部にきたら同級生にも自分より強い選手がいる。あるいは自分のほうが強いと思っているのに、他の生徒がレギュラーに抜擢された。こんなとき、だれでも妬《ねた》みや僻《ひが》みの感情が生まれます。

妬みや僻みというと女性に多い感情と一般には思われているようですが、僕が見る限り男性のほうがずっとその感情が強い気がします。

じつは僕自身、妬んで僻んで、眠れないほど悩んだ時期がありました。日大に進学した直後です。さきほどあげた例のように、僕も「自分がいちばん強い」と自信満々で日大相撲部に入ったのですが、とんでもなかった。僕らの同期には、高校生ながら初のアマチュア横綱となった久嶋啓太というとてつもない逸材がいたのです。のちに幕内で活躍した久島海関で、和歌山県出身の性格のいい人でした。

久嶋君は将来を有望視されたエリートですから、寮の部屋も食べる場所も食べるものも、初めからＶＩＰ待遇。入学当初から先輩や監督に稽古をつけてもらう彼を横目に見ながら、1年生の僕がやっていたのは夜通しの電話番や、みんなの履きものを揃える下足番。こんなはずじゃなかった、と悶々と過ごすあいだに体重は20kg近く落ち、頭は10円玉大のハゲがたくさんできる円形脱毛症になってしまいました。

ようやく新人戦に出場するチャンスをもらっても1回戦敗退。強い選手に嫉妬して、そんな自分が情けなくて、悶々とした日々を送っていました。今ではいい思い出ですが、単なる思い出だけでなく、あのころの僕と同じ思いを抱えている自分の生徒たちに語ってあげられるエピソードにもなっています。しかも、学生時代の僕の話には、なかなかいいオチがあります。大学4年生で出場した全日本学生相撲大会の準決勝で、僕は久嶋君に勝ったのです。久嶋君は4連覇がかかっていた学生横綱を、僕のために逃したのです。

決勝で闘ったのは、現在熊本の文徳高校で相撲部の監督をしている本田浩二君。結果は本田君の優勝でした。もちろん負けて悔しい思いはしましたが、同学年の本田君は1年のときに同じ3軍で苦労をともにした仲だけに気分はさわやかでした。

「人生、大逆転があるぞ。自分に自信がなくなったときも、腐らないで努力をしていればどこかで必ず運が向いてくる。いいか、何ごとも比較で考えるな。自分よりだれがどうだとか、前の環境、前の監督はよかったとか。そういう考え方をすると強くなれない。だめなときも人を恨まず黙々と稽古をすれば、結果は必ずついてくるからな」

挫折をしかけている生徒に気づくと、こんなふうに声をかけています。

努力は自分しだい。でも、僕にもやってあげられることはある。それは適切なときに、心に響く言葉をかけてあげることです。この点も日大時代の恩師、田中先生の指導法を見習っているつもりなのですが、とても田中先生のようにうまくはいきません。田中先生のように「勝利の方程式」を生徒に植えつけられたらどんなにいいでしょう。

最後の章では、食事をうまく利用して生徒を育てた田中先生の理想の指導法について、もう少し詳しくお話しします。

わが子の心と体を強くする、
人生に「勝つ」食事力

5章

食事で「勝ち方」を叩き込む

競争力を上げるお土産とおでん

個人優勝より団体優勝を目指せ！　32年間まったく変わらない、栄相撲部の目標です。個人の勝ち負けは一瞬の気合や時の運にも左右されますが、団体優勝はみんなの気持ちが一つになっていないと成し遂げられないからです。日本でいちばん強い高校生を育てることも魅力的ですが、やはり「いちばん強い高校生チーム」となって、全員と喜びを分かち合うことが何よりうれしい。僕の役割はあくまで相撲部に所属する高校生の指導ですから、いちばんの目的は「優勝」ではなく「人間教育」と言わなければいけないのかもしれません。しかし、相撲の基礎を稽古し、「団体優勝」を目指して部員同士切磋琢磨《せっさたくま》する過程で、人間的にも成長していた……こんなストーリーが理想です。

栄高校相撲部が初めて団体優勝したのは、１９９２年のインターハイで、あの日の胴上げはこれまでの人生のなかで最高の瞬間でした。地方の試合で団体優勝すると、いつも夜8時ごろになって気づきます。そういえば夕飯を食べるのを忘れていた！

そこでホテルのレストランや町の食堂に入るのですが、いまだに優勝した日は胸がいっぱいで食事がうまく喉を通りません。それに、こういう日に自分だけ贅沢をすると、次の大会で運が逃げてしまう、などとつい考えてしまい、たいていラーメンですませています。

団体優勝を果たした夜は、頭が冴えてなかなか眠れません。このとき何をするかというと、終わったばかりの大会データを見ながら、来年の同じ大会のオーダーを考えているのです。これは日大時代の恩師・田中先生のまね。僕の指導スタイルは１００％に近いくらい田中先生を手本にしている、と前にお話ししましたが、これもその一つです。

田中先生と優子夫人は、選手の心をぎゅっとつかむのが上手でした。たとえば誕生日会。ふだんは厳しい顔で稽古をつけている先生が、学生一人一人の誕生日会を開き、夫人と一緒にやさしい言葉をかけてくれる。これも女房と一緒に、栄相撲部で踏襲させてもらっています。

細かいことをいえば、稽古の強弱、試合運び、生徒へ声をかけるタイミング、生徒へのものの言い方……無意識のうちに田中先生のまねをしています。指導者になってから始めたわけではありません。僕らの学生時代、日大相撲部員はこぞって田中先生のまねをしていたものです。４年生は相撲部を引退すると、パンチパーマにブレスレットと、見た目も田中先生とそっくりになる。それぐらいカリスマ化した指導者でした。

田中先生の指導法に憧れていた僕は、指導者として田中イズムをかなり色濃く受け継いでいると思っていますが、自分にはできないこともまだたくさんあります。

たとえば大会の直前、選手に「自分は勝てる！」と思い込ませる力。まるでマジシャンのように、田中先生は大事な試合を控えた選手に「勝利」のイメージを植えつけていくのです。一方、レギュラーになれない選手には「よし、強くなって次の試合はレギュラーをとるぞ」と思わせてくれる。このとき、田中先生が効果的に使うのが「食事」なのです。

大学2年のときに同期生の本田浩二君とともに体験した、思い出深い出来事を紹介しましょう。当時の僕らはレギュラーにはほど遠い3軍選手でしたが、日大で1年間、基礎から叩きあげてきたので、それなりの強さにはなっていました。

その証拠に、鳴り物入りで入ってきた新1年生の山崎直樹君と相撲をとると、僕らのほうが圧倒的に強い。山崎君は高校相撲で活躍し、将来を嘱望されていた新入生で、入学時には１８０kgの体重がありました。本田君と僕は１００kgそこそこ。体重が80kg軽くても、新1年生より2年生の僕らのほうが強かった。

これなら6月に開催される大会でメンバーに入れる。本田君も僕もそう思っていましたが、発表されたリストに僕らの名前はありませんでした。片や、山崎君は1年生ながら選手に選ばれ、団体優勝に貢献したのです。

その日の夜、大会の出場メンバーは田中監督たちとともに、原宿のチャイニーズレストランでの祝勝会に繰り出しました。僕ら残りのメンバーは合宿所に直帰してカレーライスの夕食。その日、僕らは荒れました。恥ずかしい話ですが、お皿を投げ、壁を蹴って、暴れました。

しかしその2時間後、僕らはすっかり気分を直し、「よし、俺ももっと練習して強くなろう！」と思っていたのです。僕らの気分を一気に上げたのは、田中先生の思いやりでした。大会に出場したメンバーたちが、田中先生からの「おいしいお土産」を持ち帰ってくれたのです。

レギュラークラスの学生とそれ以外の学生では日ごろの食事も格差をつけ、「うまい食事が食べたかったら強くなれ」というのが、当時の日大相撲部方式でしたが、要所要所でこうした配慮がなされました。これで腐りかけていた気持ちが一気に立ち直る。食べものの力は絶大です。
ちなみに1年で即レギュラー入りした山崎君は学生横綱、アマチュア横綱などトータル12個のタイトルを獲得し、角界で大翔山として活躍したあと、追手風親方となって後進を指導しています。大学1年時からエリートとして扱い続けた田中監督の指導法は正しかったのです。

印象深く覚えている食べものの思い出をもう一つ紹介します。大阪で行われるインカレの応援に、僕たち日大相撲部のOBが何人かで行ったときのエピソードです。大会の前日、僕たちは田中先生を交え、おでん屋で夜中まで食事をしていました。その帰り、田中先生は店に残っていたおでんを大量に買い占め、宿泊先に戻って選手たちを片っ端から起こして、こう言ったのです。

「おい、起きておでんを食え！」

この言葉で、日大時代の思い出が一気に蘇ってきました。田中先生にこうした型破りな方法で鼓舞されると、「そうだ、俺は勝てる」と思い込み、勝利のイメージまでわくこともありました。いうなれば「田中マジック」です。インカレを翌日に控えたこの深夜、田中先生は上級生にはビールまで飲ませ、「食って、飲んで、寝ろ！」と発破をかけていました。

昔風の豪気なやり方ですが、僕は何度も仲間たちが田中マジックにかかって実力以上の力を発揮する場面を見ましたし、実際に自分もかかりました。いや、今も僕は田中マジックがとけないまま指導者を続けている気がします。しかし、僕には田中先生のように鮮やかなマジックを生徒にかけることはできません。そもそもまだ、山田流のマジックも編みだしていない状態です。

「おいしい食事」は、生徒を集める武器

田中先生が作った日大相撲部の伝統は、多くの後継者に受け継がれています。直々に田中先生の薫陶を受けた学生たちが、日本の各地でアマチュア相撲の指導者となっているのです。

僕が学生だったころ、大学卒業後にプロの力士になる人はあまりいませんでした。当時の大相撲界には大卒の力士は少なかったのです。

僕も当然プロ入りなど考えてもいませんでしたが、相撲を教えたいとも思っていませんでした。今こうしているのは「お前は指導者になれ」という田中先生の鶴の一声があったからです。前にお話ししたとおり、同級生の本田君が熊本の文徳高校相撲部、僕の入学と入れ替わりに卒業した石浦外喜義《ときよし》先輩は鳥取の城北高校相撲部の監督になりました。

石浦、本田両監督をはじめ、日大出身の監督は全員田中イズムをベースに、自分の指導スタイルを作っています。石浦先輩は執念の監督。この子は強くなる、強くしてみせる、という愛情と執念が感じられ、共感を覚えます。本田監督はやさしい指導法で、生徒が悪さをしても叱らずにうまく育ててあげる。これは僕にはない部分で、いつかまねしてみたいと思っています。

長く監督を務めているとさまざまなタイプの指導者と知り合いますが、僕の感覚では天才肌の

指導者より苦労して這い上がってきた指導者のほうが、じっくり生徒を育てているように見えます。あまりにも優れた素質と実績を持つ人は、「できない生徒」「ふつうの生徒」の気持ちや身体能力が理解できないのかもしれません。例外はアマチュア相撲32冠の田中先生。先生は選手、指導者、２つの才能に恵まれた人です。

ときおり指導者同士で会話を交わすのも楽しみの一つですが、スカウトの季節になると雰囲気は一変します。いつもの指導者仲間が同じ子どもを勧誘し合うライバルになるのですから。毎年12月に勧誘が解禁になりますが、中学生の大会で目立った成績を残した生徒のもとには複数の高校がスカウトに向かいます。山口県の生徒に会いに行ったとき、先にきた別の学校の関係者が栄高校の悪口を言っていた、と親御さんから聞きました。そんなアンフェアなことまでしてライバル校を蹴落としたいのかと悲しくなりましたが、その親御さんはこう言ってくれたのです。

「他校の悪口を言って勧誘するような学校に息子は行かせません。栄高校で預かってください」

こうして栄高校相撲部に入部したのが山本洋介君、のちの豊真将、現在の立田川親方です。スカウトに欠かせないのは「君を育てたい」という情熱だと僕は思っていますが、声をかけるときには必ずこう言っています。

「一度うちの寮に遊びに来ないか？　先輩たちと稽古をしたあと一緒にご飯を食べて、『おいしい』、と思ったら栄に入ればいい」

この声かけがけっこう成功しているので、「やっぱり、みんなでおいしく食事をするとパワーがわいて楽しくなるのだな」と、僕は勝手に解釈しています。

心と体を強くする食事㉘

「一流」を「一流」のまま育てるのはむずかしい

どんな選手も上から抑えつけずに個性を伸ばす。これを栄相撲部の教育方針にしています。しかし現実には、一人一人の個性を見極め、その生徒に合った指導をしていくのは、並大抵のことではありません。なかでもいちばんむずかしいのは、エリートとして育ってきた生徒をエリートのまま、より強く育てていくことです。

中学までエリート、あるいは地元の期待の星、として育ってきた選手が、高校入学後もそのまま順調に育つとは限りません。むしろ、挫折することが多い。負けをあまり知らずに育ってきた生徒が、慣れない環境のなかで自信をなくしてしまうと、立ち直るのに時間がかかります。

日大相撲部では、入学するとすぐ選手をカテゴリー分けし、第１カテゴリーの学生と第２、第３カテゴリーの選手を別々に育成していました。エリートは終始一貫エリート扱いをして、徹底的に英才教育をする、というのが当時の日大相撲部の流儀でした。１１６～１１７ページでお話しした、鳴り物入りで入学した山崎君を、２年の僕らに勝てないほどの実力でも最初から試合で使ったエピソードも、エリート教育の一環です。

しかし、栄相撲部ではこの方式は採用していません。身体も成長しきらず、実力もひんぱんに上下する高校生のうちは、カテゴリー分けなどする必要がないと思っているからです。

ただし、ほかの生徒たちより抜きん出た実力をもつ生徒が2人いた場合、気をつけていることがあります。この2人を決して取り組ませないこと。2人を対決させて優劣をつけると、負けたほうの生徒はひどく傷ついてしまう。もちろん「なにくそ！」と、そこから強くなってくる生徒もいるかもしれません。でも、そのままずるずる弱くなっていくケースのほうが多い気がします。いくらしっかりしているようでも、高校生のメンタルはとても繊細なのです。

たとえば、ある中学校に目立って強い選手が2人いた場合、「2人を一緒にスカウトして、ライバルとして育てよう」と思う監督もいます。しかし僕はそういうとき、どちらか1人だけを獲得しようと考えるタイプ。こんなところにも監督の方針が表れます。

エリート育成には、もう一つ大きな落とし穴があります。それは慢心です。強くなろうという意思は生徒を育てますが、自分がいちばん強いという思いは、あまりいい方向に向かいません。稽古の手を抜いて楽な道へ行こうとする、あるいは天狗の鼻を伸ばし、生意気な態度をとってチームの輪を乱す。どちらもこれまでにありました。

楽な道を選ぼうとしている生徒を見つけたら、その場で言います。

「そういう態度をとっていると、すぐに負けるぞ。もし勝っても、仲間は喜んでくれない。稽古は心を込めてやることが大事なんだ。どんな気持ちで取り組んでいるか、先生にはすぐにわかっちゃうんだぞ。一生懸命やっている子を見たら、僕だって強くしてやりたい、勝たせてやりたいと思う。お前にはそういう選手になってほしい」

栄高校からプロ入りして関取になった生徒たちも、落ち込んだり生意気になったりをくり返して成長していったのです。こういう話になると、やはり即座に思い出すのはふてくされた態度で掃除をしていた佐藤貴信君、のちの貴景勝の顔です。1年生の当番で階段掃除を担当していた佐藤君を見ると、いかにもいやそうな態度でした。ふてくされた顔つきばかりでなく、体中で拒否反応を示しているようで、掃除に気持ちが入っていません。

「なんで、俺がこんなことをしなくちゃいけないんだ⁉」言葉には出さなくても、そう心で叫んでいるような気がしました。そこで、僕は一瞬考えて、こんな言葉をかけてみたのです。

「佐藤、強いのにちゃんと当番をこなしていて偉いな。中学横綱が栄高校にきて階段掃除をやっているなんて、だれも思わないぞ。そういう見えない努力がまた相撲を強くするんだよ」

普通なら、「佐藤、何タラタラやってる！　ヤル気をだしてしっかり掃除しろ！」と叱りたい場面ですが、逆に褒めたのです。これもじつは、日大の田中先生から学びました。田中先生は「あっ、怒鳴られるな……」と思って覚悟するような局面で、反対にやさしい言葉で褒めてくれるのです。すると、褒められた子は、次の日からがらっと変わっていきます。

叱るより褒めるほうがずっと効果的。しかし、指導者として実際にこれがすぐ実現できるかというと、むずかしい。瞬間湯沸かし器のように一瞬で頭に血がのぼりやすい僕にはなおさらでしたが、貴景勝が栄高校に入学してきたころ、ようやく「叱る場面で褒める」ことができてきたのです。

やはり効果は絶大でした。でも、これは僕の褒め方やタイミングがよかったのではなく、貴景勝が自分で自分をコントロールしたからです。賢い彼は僕の言葉を聞いて自分の態度を反省し、目標に向かって猛進する稽古熱心な部員となりました。

前にもお話ししたように、彼は僕やトレーニングコーチに言われたことをただこなすのではなく、練習メニューも時間も自分で作りだし、今の地位まで駆け上がったのです。自分の特性や体力を計算して自分で練習メニューを組める生徒など、極めてまれな存在。個性に即した練習方法を示して生徒を伸ばしてあげられるかどうか、ふつうは指導者の眼力や腕にかかっています。

これまでで「成功したな」と思えるのは、のちの妙義龍こと宮本恭成君の例です。彼は同じ年に入学してきた澤井君（豪栄道）たちよりずっと弱かったので、2年間テッポウと四股《しこ》だけをやらせてみました。そのころ、朝青龍のテッポウを見て感激し、これで宮本君を強くしようとひらめいたのです。3年生になった宮本君に道場で相撲をとらせてみると、強い、強い！　テッポウと四股で鍛えた身体で、格段にパワーが増していました。

その後、女房が角界入りした妙義龍に会った折、長年聞きたかったことを聞いてみたそうです。

「高校時代、みんながぶつかり稽古をしているのに、一人だけいつもテッポウをやらされて辛くなかった？」

ぜんぜん！　と答えたあと、妙義龍はさらにこう言ったそうです。

「いや、ぜんぜんというのはオーバーですけど、山田先生が『お前はこれで強くなる！』と言ってくれたので、それは完全に信じていました」

貴景勝の場合と同じく、これも僕の功績ではなく、妙義龍の「信じて努力する」才能の成果です。

勝ち方よりも大事な美学がある

僕が思うには、相撲の「うまさ」はもって生まれたものです。でも、それをうまく生かして強さに結びつけられるかどうか、ここで指導者の腕が試されると思います。そう考えてすぐ頭に浮かぶのは、やはり田中先生の偉大さです。生徒の身体、性格、クセなどから判断し、もっとも合う相撲のとり方を教えることに、あれほど長けている人は見たことがありません。

田中先生は学生時代の舞の海に、がっぷり四つの相撲を叩き込んでいました。身長１７１㎝、体重は１００kgに満たない学生が入ってきたら、ふつうは頭をつけて食らいつく相撲を教えます。しかし、田中先生は「頭はつけなくていい。肩を支点にすれば頭をつけたのと一緒だぞ」と言って、指導していたのです。

僕にそんな指導ができるかどうか。僕ができるのは、生徒が中学までに身につけたことを少しアレンジすることぐらい。たとえば豪栄道はもともと右差しでしたが、いきなり右を差さず右をとって左をとって、そのあと右から差すという変則的な動きを指導しました。それがたまたま豪栄道の得意な取り口になりましたが、僕は理論的に考えて指導したわけではなく、勘でそれがいいと思っただけ。田中先生の域には、まだとうてい追いつけません。

今、僕が生徒たちに何度も言っているのは、「あきらめずに努力しろ」と、「相撲を見るときは勝ち負けではなく『ハート』を見ろ」ということ。これを語るとき、素晴らしい手本がいることも話します。30歳を過ぎた今も、現役アマチュア力士として相撲をとっている森本太良《たろう》君です。栄高校相撲部時代の森本君は、一度もレギュラーになったことがありません。ところが拓殖大学で相撲を続けて強くなり、学生横綱になった。成長のピークは人によってまちまちです。小学校のときがいちばん強い子もいれば、大学でめきめき頭角を現すタイプもいる。だから栄高校でレギュラーになれなくても、相撲が好きならどんな形でも続けてほしいと思います。

拓殖大学を卒業後、森本君はスーパーマーケットに就職し、その企業の相撲部でアマチュア相撲を続けました。スーパーマーケットの次に就職したのは和歌山県庁。手堅い仕事に転職したかったわけではなく、より強いチームへの転身。和歌山県庁は実業団相撲の強豪チームなのです。

その生き方もさることながら、生徒たちに注目してほしいのは森本君のとり口。自分よりはるかに強い相手でも、怯《ひる》むことなく食らいつく。どんなに不利な形成になっても、なお食らいつく。そして多くの場合、あきらめず、粘って、食らいついて、最後は勝ってしまう。言葉で表現すると「見ていて泣ける相撲」「ハートのある相撲」です。

勝ち、負けはさておき、今の生徒たちには、こういう「生き方」を目指してほしい。ハートのある闘いは高校の相撲大会だけでなく、人生にも生かせるはず、と思っています。と言いつつ、負けず嫌いの僕は、実際の大会に臨むときは、「絶対勝ちたい、生徒を勝たせたい、負けるなよ！」としか考えていませんが。

おわりに

これまで、自分の人生を振り返ったことが一度もなかった……。

この本を制作する過程で、そう気づきました。中学で相撲を始めて以来、ずっと相撲に熱中しながら走り続けてきたような気がします。

指導者になってからは、預かった生徒をどうすれば強くできるか、どういう料理なら喜んでもらえるか、どんな進路へ進ませるのがこの子のためになるのか、そしてもう一つ、どうすれば勝てるのか……毎日そんなことばかり考えています。

しかし、出版のご縁をいただいたおかげで、ほんの少しだけ立ち止まって振り返ることができました。真っ先に思い出すのはお世話になった人たちです。大好きな相撲の指導を続けさせてくれる埼玉栄高校にも、改めて感謝の気持ちがわいてきました。とりわけ、「山田、教育は義理と人情だ。指導は我慢だぞ！」「好きなことを仕事にしたのだから文句は言うな」と励まし続けてくれた、

故・佐藤栄太郎理事長は大切な恩人です。

道場で汗を流し、僕のご飯をたくさん食べて巣立って行ったすべての卒業生たち。いつでも遊びにきてください。

そして僕の母、女房、娘。相撲しか頭にない僕を、いつも支えてくれてありがとう。

ほんの少し立ち止まったら、走るスピードをもう一段上げたくなりました。といっても年齢を考えて、今後はときたま休むことにします。丸一日料理を休み、女房の早苗に任せる日も作ろうと思っています。

でも、生徒たちに「毎日、早苗さんの料理がいい」と言われたらどうしよう……。そんな日が来ないよう、料理の腕ももう一段階上げなければ！

山田道紀

著者紹介

山田道紀　やまだ　みちのり

埼玉栄高校相撲部監督。日本大学時代は、全国学生相撲選手権大会団体6連覇に貢献し、個人戦において準優勝。埼玉栄高校は、高校総体、高校相撲選抜大会と2つの全国大会を合わせると、史上最多の優勝回数を数える。その強さを支える埼玉栄高校相撲部の「食事と筋トレ」は、学生相撲を超えて相撲界では有名。豪栄道、貴景勝、妙義龍、北勝富士、大栄翔、琴ノ若をはじめ、現在、大相撲で活躍する力士を数多く育成・輩出している。

デザイン　清水肇（prigraphics）

写　真　橋詰芳房（P1～19、76～78、127）、山田道紀、山田早苗、山田翔子（P65～75）

編集協力　浅野恵子

校　正　山田久美子

ＤＴＰ　天龍社

編　集　飯田祐士

わが子の心と体を強くする、人生に「勝つ」食事力

著　者　山田道紀

編集人　泊出紀子

発行人　倉次辰男

発行所　株式会社主婦と生活社

〒104-8357　東京都中央区京橋3-5-7

TEL　03-3563-5129（編集部）

03-3563-5121（販売部）

03-3563-5125（生産部）

https://www.shufu.co.jp

製版所　東京カラーフォト・プロセス株式会社

印刷所　太陽印刷工業株式会社

製本所　株式会社若林製本工場

ISBN 978-4-391-15468-9

Ⓡ本書を無断で複写複製（電子化を含む）することは、著作権法上の例外を除き、禁じられています。本書をコピーされる場合は、事前に日本複製権センター（JRRC）の許諾を受けて下さい。また、本書を代行業者等の第三者に依頼してスキャンやデジタル化をすることは、たとえ個人や家庭内の利用であっても一切認められておりません。

JRRC（https://jrrc.or.jp/　Eメール：jrrc_info@jrrc.or.jp　TEL:03-6809-1281）

落丁、乱丁がありましたら、お買い上げになった書店か小社生産部までお申し出ください。お取り替えいたします。

© MICHINORI YAMADA 2020 Printed in Japan

お送りいただいた個人情報は、今後の編集企画の参考としてのみ使用し、他の目的には使用いたしません。詳しくは当社のプライバシーポリシー（https://www.shufu.co.jp/privacy/）をご覧ください。